U0631322

绚丽甘肃
MAGNIFICENT GANSU

华夏文明之源

敦｜煌｜文｜化

LVZHOU SHANGDE YUEWU

绿洲上的乐舞

王克芬　柴剑虹 / 著

甘肃教育出版社

图书在版编目（CIP）数据

绿洲上的乐舞 / 王克芬,柴剑虹著. —兰州:甘
肃教育出版社,2015.6(2017.9 重印)
（华夏文明之源）
ISBN 978-7-5423-3556-2

Ⅰ.①绿… Ⅱ.①王… ②柴 Ⅲ.①敦煌壁画–乐
舞–研究 Ⅳ.①K879.414 ②J609.2

中国版本图书馆CIP数据核字（2015）第 132128 号

绿洲上的乐舞

王克芬　柴剑虹　著

出 版 人　王永生
责任编辑　王文琴　伏文东
美术编辑　马吉庆

出　版　甘肃教育出版社
社　址　兰州市读者大道 568 号　730030
网　址　www.gseph.cn　　E-mail　gseph@duzhe.cn
电　话　0931-8773136（编辑部）　0931-8773056（发行部）
传　真　0931-8773255
淘宝官方旗舰店　http://shop111038270.taobao.com

发　行　甘肃教育出版社　　印　刷　三河市南阳印刷有限公司
开　本　787 毫米×1092 毫米　1/16　印　张　11　字　数　143 千
版　次　2015 年 7 月第 1 版
印　次　2017 年 9 月第 3 次印刷
书　号　ISBN 978-7-5423-3556-2　　定　价　38.00 元

图书若有破损、缺页可随时与印厂联系：0316-3655768
本书所有内容经作者同意授权，并许可使用
未经同意,不得以任何形式复制转载

华夏文明之源

《华夏文明之源·历史文化丛书》

编 委 会

主 任：连 辑

副 主 任：张建昌 王永生

委 员（以姓氏笔画为序）：

马永强 王正茂 王光辉

刘铁巍 张先堂 张克非

张 兵 李树军 杨秀清

赵 鹏 彭长城 雷恩海

策 划：马永强 王正茂

总　序

　　华夏文明是世界上最古老的文明之一。甘肃作为华夏文明和中华民族的重要发祥地，不仅是中华民族重要的文化资源宝库，而且参与谱写了华夏文明辉煌灿烂的篇章，为华夏文明的形成和发展做出了重要贡献。甘肃长廊作为古代西北丝绸之路的枢纽地，历史上一直是农耕文明与草原文明交汇的锋面和前沿地带，是民族大迁徙、大融合的历史舞台，不仅如此，这里还是世界古代四大文明的交汇、融合之地。正如季羡林先生所言："世界上历史悠久、地域广阔、自成体系、影响深远的文化体系只有四个：中国、印度、希腊、伊斯兰，再没有第五个；而这四个文化体系汇流的地方只有一个，就是中国的敦煌和新疆地区，再没有第二个。"因此，甘肃不仅是中外文化交流的重要通道、华夏的"民族走廊"（费孝通）和中华民族重要的文化资源宝库，而且是我国重要的生态安全屏障、国防安全的重要战略通道。

　　自古就有"羲里""娲乡"之称的甘肃，是相传中的人文始祖伏羲、女娲的诞生地。距今8000年的大地湾文化，拥有6项中国考古之最：中国最早的旱作农业标本、中国最早的彩陶、中国文字最早的雏形、中国最早的宫殿式建筑、中国最早的"混凝土"地面、中国最早的绘画，被称为"黄土高原上的文化奇迹"。兴盛于距今4000—5000年之间的马家窑彩陶文化，以其出土数量最多、造型最为独特、色彩绚丽、纹饰精美，代表了中国彩陶艺术的最高成就，达到了世界彩陶艺术的巅峰。马家窑文化林家遗址出土的青铜刀，被誉为"中华第一刀"，将我国使用青铜器的时间提早到距今5000年。从马家窑文化到齐家文化，甘肃成为中国最早从事冶金生产的重要地区之一。不仅如此，大地湾文化遗址和马家窑文化遗址的考古还证明了甘肃是中国旱作农业的重要起源地，是中亚、西亚农业文明的交流和扩散区。"西北多民族共同融合和发展的历史可以追溯到甘肃的史前时期"，甘肃齐家文化、辛店文化、寺洼文化、四坝文化、沙井文化等，是"氏族、西戎等西部族群的文化遗存，农耕文化和游牧文化在此交融互动，形成了多族群文化汇聚融合的格局，为华夏文明不断注入新鲜血液"（田澍、雍际春）。周、秦王朝的先祖在甘肃创业兴邦，最终得以问鼎中原。周先祖以农耕发迹于庆阳，创制了以农耕文化和礼乐文化为特征的周文化；秦人崛起于陇南山地，将中原农耕文化与西戎、北狄等族群文化交融，形成了农牧并举、华戎交汇为特征的早期秦文化。对此，历史学家李学勤认为，前者"奠定了中华民族的礼仪与道德传统"，后者"铸就了中国两千多年的封建政治、经济和文化格局"，两者都为华夏文明的发展产生了决定性的影响。

自汉代张骞通西域以来，横贯甘肃的"丝绸之路"成为中原联系西域和欧、亚、非的重要通道，在很长一个时期承担着华夏文明与域外文明交汇、融合的历史使命。东晋十六国时期，地处甘肃中西部的河西走廊地区曾先后有五个独立的地方政权交相更替，凉州（今武威）成为汉文化的三个中心之一，"这一时期形成的五凉文化不仅对甘肃文化产生过深刻影响，而且对南北朝文化的兴盛有着不可磨灭的功绩"（张兵），并成为隋唐制度文化的源头之一。甘肃的历史地位还充分体现在它对华夏文明存续的历史贡献上，历史学家陈寅恪在《隋唐制度渊源略论稿》中慨叹道："西晋永嘉之乱，中原魏晋以降之文化转移保存于凉州一隅，至北魏取凉州，而河西文化遂输入于魏，其后北魏孝文宣武两代所制定之典章制度遂深受其影响，故此（北）魏、（北）齐之源其中亦有河西之一支派，斯则前人所未深措意，而今日不可不详论者也。""秦凉诸州西北一隅之地，其文化上续汉、魏、西晋之学风，下开（北）魏、（北）齐、隋、唐之制度，承前启后，继绝扶衰，五百年间延绵一脉"，"实吾国文化史之一大业"。魏晋南北朝民族大融合时期,中原魏晋以降的文化转移保存于江东和河西（此处的河西指河西走廊，重点在河西，覆盖甘肃全省——引者注），后来的河西文化为北魏、北齐所接纳、吸收，遂成为隋唐文化的重要来源。因此，在华夏文明曾出现断裂的危机之时，河西文化上承秦汉下启隋唐，使华夏文明得以延续，实为中华文化传承的重要链条。隋唐时期，武威、张掖、敦煌成为经济文化高度繁荣的国际化都市，中西方文明交汇达到顶峰。自宋代以降，海上丝绸之路兴起，全国经济重心遂向东、向南转移，西北丝绸之路逐渐走过了它的繁盛期。

"丝绸之路三千里，华夏文明八千年。"这是甘肃历史悠久、文化厚重的生动写照，也是对甘肃历史文化地位和特色的最好诠释。作为华夏文明的重要发祥地，这里的历史文化累积深厚，和政古动物化石群和永靖恐龙足印群堪称世界瑰宝，还有距今 8000 年的大地湾文化、世界艺术宝库——敦煌莫高窟、被誉为"东方雕塑馆"的天水麦积山石窟、藏传佛教格鲁派六大宗主寺之一的拉卜楞寺、"天下第一雄关"嘉峪关、"道教名山"崆峒山以及西藏归属中央政府直接管理历史见证的武威白塔寺、中国旅游标志——武威出土的铜奔马、中国邮政标志——嘉峪关出土的"驿使"等等。这里的民族民俗文化绚烂多彩，红色文化星罗棋布，是国家 12 个重点红色旅游省区之一。现代文化闪耀夺目，《读者》杂志被誉为"中国人的心灵读本"，舞剧《丝路花雨》《大梦敦煌》成为中华民族舞剧的"双子星座"。中华民族的母亲河——黄河在甘肃境内蜿蜒 900 多公里，孕育了以农耕和民俗文化为核心的黄河文化。甘肃的历史遗产、经典文化、民族民俗文化、旅游观光文化等四类文化资源丰度排名全国第五位，堪称中华民族文化瑰宝。总之，在甘肃这片古老神奇的土地上，孕育形成的始祖文化、黄河文化、丝绸之路文化、敦煌文化、民族文化和红色文化等，以其文化上的混融性、多元性、包容性、渗透性，承载着华夏文明的博大精髓，融汇着古今中外多种文化元素的丰富内涵，成为中华民族宝贵的文化传承和精神财富。

甘肃历史的辉煌和文化积淀之深厚是毋庸置疑的，但同时也要看到，甘肃仍然是一个地处内陆的西部欠发达省份。如何肩负丝绸之路经济带建设的国家战略、担当好向西开放前沿的国家使命？如何充分利用国家批复的甘肃省建设华夏文明传承创新区这一文化发展战略平台，推动甘肃文化的大发展大繁荣和经济社会的转型发展，成为甘肃面临的新的挑战和机遇。目前，甘肃已经将建设丝绸之路经济带"黄金段"与建设华夏文明传承创新区统筹布局，作为探索经济欠发达但文化资源富集地区的发展新路。如何通过华夏文明传承创新区的建设使华夏的优秀文化传统在现代语境中得以激活，成为融入现代化进程的"活的文化"，华夏文明的传承保护与创新，实际上是我国在走向现代化过程中如何对待传统文化的问题。华夏文明传承创新区的建设能够缓冲迅猛的社会转型对于传统文化的冲击，使传统文化在保护区内完成传承、发展和对现代化的适应，最终让传统文化成为中国现代化进程中的"活的文化"。因此，华夏文明传承创新区的建设原则应该是文化与生活、传统与现代的深度融合，是传承与创新、保护与利用的有机统一。要激发各族群众的文化主体性和文化创造热情，抓住激活文化精神内涵这个关键，真正把传承与创新、保护与发展体现在整个华夏文明的挖掘、整理、传承、展示和发展的全过程，实现文化、生态、经济、社会、政治等统筹兼顾、协调发展。华夏文化是由我国各族人民创造的"一体多元"的文化，形式是多样的，文化发展的谱系是多样的，文化的表现形式也是多样的，因此，要在理论上深入研究华夏文化与现代文化、与各民族文化之间的关系以及华夏文化现代化的自身逻辑，让各族文化在符合自身逻辑的基础上实现现代化。要高度重视生态环境保护和文化生态保护的问题，在华夏文明传承创新区中设立文化生态保护区，实现文化传承保护的生态化，避免文化发展的"异化"和过度开发。坚决反对文化保护上的两种极端倾向：为了保护而保护的"文化保护主义"和一味追求经济利益、忽视文化价值实现的"文化经济主义"。在文化的传承创新中要清醒地认识到，华夏传统文化具有不同层次、形式各样的价值，建立华夏文明传承创新区不是在中华民族现代化的洪流中开辟一个"文化孤岛"，而是通过传承创新的方式争取文化发展的有利条件，使华夏文化能够在自身特性的基础上，按照自身的文化发展逻辑实现现代化。要以社会主义核心价值体系来总摄、整合和发展华夏文化的内涵及其价值观念，使华夏的优秀文化传统在现代语境中得到激活，尤其是文化精神内涵得到激活。这是对华夏文明传承创新的理性、科学的文化认知与文化发展观，这是历史意识、未来眼光和对现实方位准确把握的充分彰显。我们相信，立足传承文明、创新发展的新起点，随着建设丝绸之路经济带国家战略的推进，甘肃一定会成为丝绸之路经济带的"黄金段"，再次肩负起中国向西开放前沿的国家使命，为中华文明的传承、创新与传播谱写新的壮美篇章。

正是在这样的历史背景下，读者出版传媒股份有限公司策划出版了这套《华夏文明之源·历史文化丛书》。"丛书"以全新的文化视角和全球化的文化视野，深入把握甘肃与华夏文明史密切相关的历史脉络，充分挖掘甘肃历史进程中与华夏文明史有密切关联的亮点、节点，以此探寻文化发展的脉络、民族交融的驳杂色彩、宗教文化流布的轨迹、历史演进的关联，多视角呈现甘肃作为华夏文明之源的文化独特性和杂糅性，生动展示绚丽甘肃作为华夏文明之源的深厚历史文化积淀和异彩纷呈的文化图景，形象地书写甘肃在华夏文明史上的历史地位和突出贡献，将一个多元、开放、包容、神奇的甘肃呈现给世人。

按照甘肃历史文化的特质和演进规律以及与华夏文明史之间的关联，"丛书"规划了"陇文化的历史面孔、民族与宗教、河西故事、敦煌文化、丝绸之路、石窟艺术、考古发现、非物质文化遗产、河陇人物、陇右风情、自然物语、红色文化、现代文明"等13个板块，以展示和传播甘肃丰富多彩、积淀深厚的优秀文化。"丛书"将以陇右创世神话与古史传说开篇，让读者追寻先周文化和秦早期文明的遗迹，纵览史不绝书的五凉文化，云游神秘的河陇西夏文化，在历史的记忆中描绘华夏文明之源的全景。随"凿空"西域第一人张骞，开启"丝绸之路"文明，踏入梦想的边疆，流连于丝路上的佛光塔影、古道西风，感受奔驰的马蹄声，与行进在丝绸古道上的商旅、使团、贬谪的官员、移民擦肩而过。走进"敦煌文化"的历史画卷，随着飞天花雨下的佛陀微笑在沙漠绿洲起舞，在佛光照耀下的三危山，一起进行千佛洞的千年营建，一同解开藏经洞封闭的千年之谜。打捞"河西故事"的碎片，明月边关的诗歌情怀让人沉醉，遥望远去的塞上烽烟，点染公主和亲中那历史深处的一抹胭脂红，更觉岁月沧桑。在"考古发现"系列里，竹简的惊世表情、黑水国遗址、长城烽燧和地下画廊，历史的密码让心灵震撼；寻迹石上，在碑刻摩崖、彩陶艺术、青铜艺术面前流连忘返。走进莫高窟、马蹄寺石窟、天梯山石窟、麦积山石窟、炳灵寺石窟、北石窟寺、南石窟寺，沿着中国的"石窟艺术"长廊，发现和感知石窟艺术的独特魅力。从天境——祁连山走入"自然物语"系列，感受大地的呼吸——沙的世界、丹霞地貌、七一冰川，阅读湿地生态笔记，倾听水的故事。要品味"陇右风情"和"非物质文化遗产"的神奇，必须一路乘坐羊皮筏子，观看黄河水车与河道桥梁，品尝牛肉面的兰州味道，然后再去神秘的西部古城探幽，欣赏古朴的陇右民居和绮丽的服饰艺术；另一路则要去仔细聆听来自民间的秘密，探寻多彩风情的民俗、流光溢彩的民间美术、妙手巧工的传统技艺、箫管曲长的传统音乐、霓裳羽衣的传统舞蹈。最后的乐章属于现代，在"红色文化"里，回望南梁政权、哈达铺与榜罗镇、三军会师、西路军血战河西的历史，再一次感受解放区妇女封芝琴（刘巧儿原型）争取婚姻自由的传奇；"现代文明"系列记录了共和国长子——中国石化工业的成长记忆、中国人的航天梦、中国重离子之光、镍都传奇以及从书院学堂到现代教育，还有中国舞剧的"双子星座"。总之，"丛书"沿着华夏文明的历史长河，探究华夏文明演变的轨迹，力图实现细节透视和历史全貌展示的完美结合。

读者出版传媒股份有限公司以积累多年的文化和出版资源为基础，集省内外文化精英之力量，立足学术背景，采用叙述体的写作风格和讲故事的书写方式，力求使"丛书"做到历史真实、叙述生动、图文并茂，融学术性、故事性、趣味性、可读性为一体，真正成为一套书写"华夏文明之源"暨甘肃历史文化的精品人文读本。同时，为保证图书内容的准确性和严谨性，编委会邀请了甘肃省丝绸之路与华夏文明传承发展协同创新中心、兰州大学以及敦煌研究院等多家单位的专家和学者参与审稿，以确保图书的学术质量。

《华夏文明之源·历史文化丛书》编委会

2014 年 8 月

目
录
Contents

前　言

　　2013年9月7日，习近平主席在哈萨克斯坦纳扎尔巴耶夫大学的演讲中提出：为了使欧亚各国经济联系更加紧密、相互合作更加深入、发展空间更加广阔，可以用创新的合作模式，共同建设"丝绸之路经济带"，造福各国人民。"丝绸之路经济带"作为在国际、国内新形势下提出的伟大战略构想，也为丝路文化艺术的传承研究开拓了广阔的前景。

　　举世闻名的陆上"丝绸之路"正式开拓于我国西汉武帝时期，随着张骞两次通西域的壮举，一条经济贸易和文化交流的通衢连通了亚欧非的广袤地域，两千多年间时断时续，绵延不绝。我国隋唐时代是丝绸之路相对稳固、通畅的时期，也是文化交融最为活跃、最有成就的时期。期间，公元7世纪初的隋炀帝西巡河西，在张掖召集"二十七国贸易大会"（一说"三十余国"），和唐太宗贞观年间高僧玄奘西行中亚、南亚大陆求取佛经，是世界经济史、文化史上的两件大事。前者或许称得上是最早的世贸大会，期间"盛陈文物，奏九部乐，设鱼龙曼延"，搭建了各民族乐舞汇演的大舞台；后者不仅体现了中华民族不畏艰险、勇于进取的民族精神，也为世界高竖起一座文化交流、互鉴、创新的丰碑。

漫长的丝绸之路穿越漠野、戈壁、山川，串接绿洲、关隘、村镇，而活跃、繁盛于敦煌地区的乐舞，就是文化交流、互鉴、创新的结晶，也是绿洲乐舞的集中体现。

《隋书·音乐志》上说："始开皇初定，令置'七部乐'：一曰《国伎》，二曰《清商伎》，三曰《高丽伎》，四曰《天竺伎》，五曰《安国伎》，六曰《龟兹伎》，七曰《文康伎》。又杂有疏勒、扶南、康国、百济、突厥、新罗、倭国等伎。……及大业中，炀帝乃定《清乐》《西凉》《龟兹》《天竺》《康国》《疏勒》《安国》《高丽》《礼毕》，以为九部。"这异彩纷呈的"九部乐"，应该正是河西贸易盛会的积极成果之一，而且奠定了盛唐乐舞空前繁荣的基础。

崛起于陇西的李唐王朝，更是在基本沿袭隋代乐舞体制的基础上开拓创新，将中原、东北、西南乐舞与西域乐舞的交融推向高潮。唐太宗贞观年间废除《礼毕》，创制《燕乐》，又添上《高昌乐》，成为"十部乐"。到了"开（元）天（宝）盛世"，一方面由于酷爱乐舞的唐玄宗的身体力行与倡导，另一方面因为丝路上各民族乐舞交流日趋繁盛，无论宫廷、民间，京城、边陲，歌舞活动遂蔚为大观。不仅丝路东端国都长安成为国际经济、文化的都会城市，乐舞文化为"盛唐气象"披上了绚丽的色彩；在丝绸之路的要冲河西地区，也成为各民族舞乐繁茂的大舞台。诚如盛唐边塞诗人岑参所咏"凉州七城十万家，胡人半解弹琵琶"（《凉州馆中与诸判官夜集》）；"琵琶长笛曲相和，羌儿胡雏齐唱歌"（《酒泉太守席上醉后作》）。后来，尽管安史之乱的"渔阳鼙鼓"，惊破了唐明皇与杨贵妃的"霓裳羽衣"，河西十余州一度和中原隔断，但丝路沿途的歌舞活动仍绵延不绝，到晚唐五代及宋初又增添了若干新色彩。这些乐舞盛景，虽然今人不可能亲身观赏，却同魏晋南北朝及隋代的乐舞一样，或被当时的画匠塑工描绘在丝路沿线的石窟壁画、彩塑和墓室砖画、木版画中，或留存于一些文献写本里，甚至成为地处丝路咽喉的敦煌地区石窟艺术的重要内容。以莫高窟为代表的敦煌石窟群，是丝路绿洲上的闪烁明珠。虽历经千年沧桑，留存至今的700余个洞窟仍然保存了大约近5万平方米的壁画和近4000身彩塑，其中有非常丰富的魏晋南北朝、隋唐五代、西夏与宋元时代的舞蹈形象；在1900年发现的藏经洞（莫高窟第17窟）的约5万卷（号）古代写本中，也存有曲谱、舞谱等珍贵的乐舞资料，为我们研究绿洲乐舞提供了难得的形象与文字史料。

这本小册子，根据甘肃教育出版社的要求，是在"走近敦煌丛书"我们所撰《箫管霓裳·敦煌乐舞》的基础上改写而成。由于王克芬先生年高体弱，不可能再增添更多的内容，因此希望通过对敦煌壁画里乐舞形象的介绍与赏析，使广大读者对传承有绪的绿洲上的音乐舞蹈有更多感性的认识与理性的思索。至于敦煌乐曲及相关的乐器的简略介绍，则主要征引郑汝中研究员的成果。

在本书写作的过程中，我们除了运用对敦煌石窟实地考察踏查所得的第一手资料外，主要参考了多年来国内外出版的有关图录本，凡转载或复制图片，使用临摹图、线描图的，均经敦煌研究院或原作者同意授权，并已支付过相应的薄酬。这些临摹者有段文杰、霍熙亮、史苇湘、欧阳琳、吴荣鉴、万庚育、何治赵、娄婕、赵蓉、史敦宇、吴曼英等，谨再次向他们为此付出的辛勤劳动致以诚挚的谢忱。

绿洲乐舞的人文背景

　　作为各民族居民聚居的移民社会，敦煌地区农牧业发展迅速，岁时民俗节庆活动丰富多彩，文化交流十分活跃，官学、私学、寺学教育并举，经贸来往繁盛。这种独具特色的人文环境，为中原与西域的乐舞交融提供了广阔的大舞台。

丝路咽喉之地敦煌

　　汉武帝派霍去病率大军击败匈奴、开通河西走廊后，于公元前111年置敦煌郡，完成了"列四郡，据两关（玉门、阳关）"的战略部署。自此，汉朝多次从内地移民敦煌，同戍卒一道屯垦戍边；曹魏时代，两任敦煌太守仓慈、皇甫隆提倡百姓垦荒，推广使用耧耕与"衍溉法"并鼓励胡汉通婚；其后，两晋时期大量中原地区的移民进入敦煌，不仅大规模兴修水利，而且开办官学、私学，传播儒家学说，同时还建寺庙、开佛窟，翻译佛经，为东来西去的僧人与商旅提供各种便利，使这个地广民稀之地，逐渐开发成文化发展、交通繁忙、"晏然富殖"的塞外绿洲。隋代，炀帝开拓河西的政策取得积极成果，据《隋书·裴矩传》引《西域图记·序》云：此时的丝绸之路基本通行无阻，"发自敦煌，至于西海，凡为三道，各有襟带。北道从伊吾，经蒲类海铁勒部、突厥可汗庭，度北流河水，至拂菻国，达于西海。其中道从高昌、焉耆、龟兹、疏勒，度葱岭，又经钹汗、苏对沙那国、康国、曹国、何国、大小安国、穆国，至波斯，达于西海。其南道从鄯善、于阗、朱俱波、喝槃陀，度葱岭，又经护密、吐火罗、挹怛、忛延、漕国，至北婆罗门，达于西海。其三道诸国，亦各自有路，南北交通。其东女国、南婆罗门国

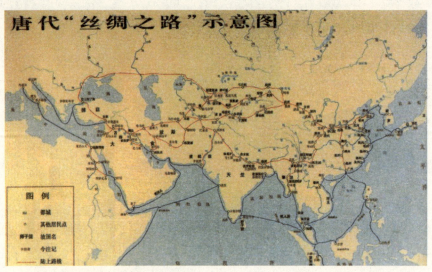

| 图 1　丝路三道示意图

等，并随其所往，诸处得达。故知伊吾、高昌、鄯善，并西域之门户也。总凑敦煌，是其咽喉之地"。（图 1）

唐代，敦煌地区人文荟萃、商贸发达、民族交融，与我国新疆地区一道成为世界上历史悠久、地域广阔、自成体系、影响深远的四大文化体系（中国、印度、希腊、伊斯兰）的汇流地。当时，敦煌十三个乡聚居着汉、藏、印度、粟特、波斯、回鹘、朝鲜及康、安、曹、石等昭武九姓的数万居民，这些百姓宗教信仰不同、风俗各异而和睦共处，儒家学说与佛、道、摩尼、祆、景教兼容互补。据史籍与敦煌出土文书记载，自西晋至五代宋初，敦煌地区的佛寺、道观及各种祠庙总数近百座，仅归义军时期就有寺院 17 所、僧尼 1100 多人。以节日赛神、佛道仪式与各类庆典为中心的岁时民俗活动贯穿一年始终。盛唐时期，敦煌已经形成三河、百渠、八泉、十池的水利灌溉系统，仅党河渠道的总长度就超过了 700 华里，不仅畜牧业稳定发展，而且人均耕地超过 10 亩，占城区总面积的 71%，果木成林，粮食生产自给充裕，还有"余粟转输灵州，漕下黄河，入太原仓，备关中荒年"（《太平广记》卷四八五辑《东城老父传》）。作为人文修养的重要基础，敦煌地区的学校教育令人瞩目。当地的官学（州郡、县学）不仅是宣教儒家经典的讲堂，而且举办了医学院、阴阳学、道学、伎术院等各类专业训练机构；官学之外，私学（义学）按照开元二十一年（733）诏令"每乡之内，各里置一学"，每每由世家大儒授课，生徒济济一堂；更加突出的是敦煌地区的寺院学校，在吐蕃占领与归义军时期，由于得到当地政权的大力支持，寺学的师资、课程开设等办学条件常常优于官学，所教授的"内学"、"外学"各种知识也较为宽博扎实，许多重要的官宦之弟均进入寺学接受启蒙教育。以上种种，构成敦煌地区独具特色的人文环境，再加上敦煌地区商旅往来频繁，手工业发达，店铺林立，寺院殷实，富足的经济也为文化艺术活动创造了条件，使得敦煌成为丝绸之路上"华戎所交"的国际文化"一大都会"城市。

刚柔兼济大舞台

　　敦煌地区独特的地理与人文环境，为中原与西域的乐舞交融提供了广阔的大舞台。从魏晋南北朝时期开始，中原江南地区轻歌曼舞的柔美，北方西域一带马背民族狂放豪迈的刚健，在以敦煌为代表的广大绿洲地区兼收并蓄，融汇创新，开出绚丽之花。

　　中国南北朝时期政权更迭频繁，民族迁徙规模浩大，乐舞交流亦掀起高潮，汇通东西南北各地区舞蹈艺术，上承秦汉舞蹈余韵，下开隋唐乐舞先河。当时，南北两地除各自吸取汉

| 图 2　舞姿刚劲的伎乐天（莫高窟第 272 窟窟顶东披）

| 图3　药叉的刚健舞姿之一（莫高窟第290窟西壁）

朝改编自民间的清商乐舞外，也各自融合当地的民族舞蹈，尤其是北方北周时代的舞蹈，既是西域、西凉、高丽、鲜卑等民族民间舞蹈交融的结晶，又大大丰富了以中原传统乐舞为基础的宫廷雅乐。在这场乐舞大交流中，敦煌所在的河西及临近的新疆天山南北广袤地区，地位格外重要——既是龟兹、高昌、疏勒、安国等西域诸国伎乐在此融合后传入内地的通道，又是因吸取西域舞蹈营养而大大丰富了的中原乐舞回流西返展示新丰采的舞台。如成为"九部乐"之一的西凉乐，就是直接在河西地区融合产生而传入中原的新乐舞。《旧唐书·音乐志》上说它是"凉人所传中国旧乐而杂以羌胡之声"，实际上是以"特善诸国"的新疆龟兹乐为主的西域各族乐舞与中原汉民族乐舞融合后的新型乐舞，十六国时期产生于河西的凉州（今甘肃武威），后来逐渐演变成型，又被北魏政权吸收为宫廷乐舞。从敦煌壁画中展现的北朝舞蹈形象看，舞姿刚健的伎乐天（图2）和药叉形象（图3），都是日常舞乐在佛教艺术中的生动反映，它们巧妙地结合了北方游牧民族雄健粗犷的气质与佛教发源地尼泊尔、印度一带婀娜多姿的舞风，豪放

| 图4 药叉的刚健舞姿之二（莫高窟第290窟西壁）

明快，具有特殊的艺术魅力（图4）。

隋唐时期，国家统一，经济发达，文化交流盛况空前，也为乐舞艺术的发展与繁荣提供了最丰厚的土壤，迎来了中国各民族舞蹈最辉煌的黄金时代。唐代社会具有博采众长、兼收并蓄、为我所用的气度，因而能够融会贯通，创造出为民众喜闻乐见的新艺术。唐代长安作为大唐国都，包容百族，气势恢宏，也是丝路文化艺术交汇最集中、繁荣的世界大都会。一方面，唐舞以华夏传统舞蹈为基础，广泛吸纳东北、西南、西域各地区民族的舞蹈艺术精华，或原样搬演，或部分吸取，或融化再创，均取得辉煌的成就（图5）。特别是西域乐舞的传入，大大地丰富了唐代的舞蹈艺术，成为当时社会生活不可或缺的组成部分。如唐人笔记小说中说：

开元中，中秋望夜，时玄宗于宫中玩月。公远奏曰："陛下莫要至月中看否？"乃取拄杖，向空掷之，化为大桥，其色如银，请玄宗同登。约行数十里，精光夺目，寒色侵人，遂至大城阙。公远曰："此月宫也。"见仙女数百，皆素练宽衣，舞于广庭。玄宗问曰："此何曲也？"曰："《霓裳羽衣》也。"玄宗密记其声调，遂回，却顾其桥，随步而灭。且召伶官，依其声调作《霓裳羽衣曲》。（见《太平广记》卷二二）

这当然是望月虚构的故事。该乐舞之所以能风靡一时，除了最高统治者的喜好外，更重要的是有各民族乐舞交融的背景，所以也为广大民众所喜闻乐见，有社会生活的基础。另一方面，随着佛教典籍与文化的传播，佛教中国化、世俗化进程的加速，源远流长、自成体系的佛教艺术也日益贴近民众生活，为发展唐代音乐、舞蹈、美术注入了新的活力。敦煌莫高窟作为丝路明珠、河西佛都，其僧俗舞蹈活动应当特别繁盛、精彩，以人间乐舞为基础的丰富多彩的佛国乐舞形象也在佛寺、石窟的经变画、伎乐图中栩栩如生地展示出来，敦煌石窟壁画、彩塑，遂成为荟萃唐舞形象的资料宝库。敦煌乐舞则是丝路绿洲乐舞的集中体现。

| 图 5　药叉的刚健舞姿之三（莫高窟第 290 窟西壁）

不绝如缕说渊源

我们在具体介绍敦煌壁画中的各类舞蹈形象之前，还需要对它们的概貌与渊源及在丝路上的流变做些简要的说明。

敦煌莫高窟南区存有壁画的 492 个洞窟，几乎半数洞窟都有舞蹈形象。这些舞蹈形象可以分为人们臆想与传说中神佛世界的天宫乐舞与人世间的民俗乐舞两大类。天宫乐舞包括天宫伎乐、飞天伎乐、化生伎乐、经变画伎乐以及各种护法神（如金刚力士、药叉、迦陵频伽）等具有舞蹈感的形象——在窟顶、龛楣飞舞翱翔的飞天，

| 图 6　凌空吹笛的飞天（莫高窟第 249 窟西壁）

在天宫凭栏奏乐、舞动的伎乐天，在经变画中有乐队伴奏的急速旋转腾踏的伎乐天与翩翩起舞的人首鸟身的迦陵频伽（美音鸟），还有塑像中那些具有舞蹈美感的菩萨、力士等（图6~8）。民俗乐舞则包括供养人行列中的乐舞场面和佛传故事画里生活气息浓烈的舞蹈画面——出行、农耕、宴饮、嫁娶、祭祀、节日庆典中的舞蹈形象。这类舞蹈壁画，

| 图7 合乐歌唱的飞天之一（莫高窟第285窟南壁）

| 图8 合乐歌唱的飞天之二（莫高窟第285窟南壁）

直接而真实地反映了当时社会生活中的舞蹈形式。此外，安西榆林窟、东千佛洞、西千佛洞、水峡口、五个庙及莫高窟北区的少数洞窟也保存了相当丰富、生动的舞蹈形象。敦煌研究院的郑汝中研究员，多年来致力于敦煌壁画乐舞图像中乐伎与乐器的研究，贡献至巨。据他多年的深入调查统计，仅莫高窟绘有乐舞形象的洞窟就有240个，乐舞形象3400多身，其中以乐伎居多。因他的研究侧重于"乐"，故将"乐伎"与"舞伎"区别分类。"乐"与"舞"密不可分，所以我们在具体的介绍和分析中也需要涉及为舞蹈伴奏的乐队。

| 图 9　做弹指状的两伎乐（莫高窟第 251 南壁）

　　敦煌壁画中的舞蹈形象源远流长，自先秦、两汉至隋唐、五代，随时代变迁而风貌各异，代有奇葩，不绝如缕，承继与发展变化的脉络清晰，其流变踪迹均可在丝路寻觅。根据敦煌艺术史家的研究，敦煌壁画舞蹈图像大致可以分为早、中、晚三个阶段：早期——北凉及北朝时期。早期的舞蹈壁画构图比较单一，多为单身的乐舞动作再现，人物形象大都稚拙古朴，体态粗壮，动作刚健奔放，带有明显的西域及北方游牧民族的风格，也还有印度的风格。如果我们观赏新疆克孜尔等石窟中早期壁画的舞蹈形象，不难看出它们与敦煌及印度石窟同类形象的关联。中期——隋、唐时期。中期的舞蹈壁画，以巨幅经变画为代表，大多气势恢宏，富丽堂皇，而且题材大为拓展，形象丰富多彩，多民族交

| 图 10　西域舞风的天宫伎乐（莫高窟第 248 窟北壁）

融的乐舞、各种类型及河西地区乡土风情浓郁的舞蹈都有生动的反映。这也应该是佛教中国化在文化艺术上的创新性成果。晚期——五代、西夏、宋、元时期。晚期舞蹈壁画，总的呈衰微趋势，大多在构图、画技、形象描绘上沿袭前代，较少创新，艺术感染力降低，但榆林窟

| 图 11　飞天舞姿（莫高窟第 303 窟北壁）

西夏时期和莫高窟第 465 窟元代的一些精彩壁画却是例外，在舞姿的线条勾勒与色彩描绘上都颇具功力，依然光彩熠熠，动人心魄。在这里，我们也看到了藏传佛教及其文化内涵的独特魅力。

| 图 12　经变画乐舞图（莫高窟第 331 窟舞伎摹本）

需要强调的是，上述三个阶段的划分，只是为了说明敦煌舞蹈壁画形象在历史发展长河中的演化轨迹和继承关系与时代特征，并不表明它们之间有截然不同的差异与隔断；恰恰相反，它们正可雄辩地证明我国古代舞蹈艺术是在各民族文化交融之中逐渐累积与丰富起来的，也证实了文化发展与政治、经济、文化交流的密切关联（图 9~12）。

飞天曼舞——绿洲乐舞的精粹

　　丝绸之路上佛教窟寺的壁画与雕塑中千姿百态的飞天，是我们了解绿洲乐舞最丰富的形象资料。飞天形象源远流长，它的故乡在南亚次大陆。如果从古印度神话中的乾闼婆和紧那罗算起，已有数千年的历史。飞天形象五彩缤纷，单是敦煌石窟壁画中的飞天，就有六、七千身之多。飞天形象的发展变化，也与丝绸之路的文化交融密不可分。

飞天源远流长

　　"飞天在人间"。丝绸之路上佛教窟寺的壁画与雕塑中千姿百态的飞天，是我们了解绿洲乐舞最丰富的形象资料。飞天形象源远流长，它的故乡在南亚次大陆。如果从古印度神话中的乾闼婆和紧那罗算起，已有数千年的历史。飞天形象五彩缤纷，单是敦煌石窟壁画中的飞天，就有六、七千身之多。据谭树桐研究员等学者考证，活跃于中国艺术宝库里的飞天，应该有两个来源：一是来自印度的佛教的源，一是生长于中国本土的道教的源。新疆与敦煌早期洞窟中的飞天带有较明显的西域风格；魏晋南北朝以后则是西域与中原两种风格互相影响，多有交融。不可否认，随着佛教经丝路传入，印度飞天飞进中国之后，就不断受到华夏文明的深刻影响，最终成为中国传统文化的组成部分。从印度早期石窟中体态健硕、动作稚拙的飞天，到新疆米兰古城佛寺中浓眉大眼、动感渐强的有翼天使；从龟兹风格鲜明的克孜尔魏晋时代的飞天，到汉风浓烈的莫高窟隋唐时期的伎乐天，飞天形象的发展变化，也与丝绸之路的文化交融密不可分。

　　印度早期佛教艺术中的飞天形象，留存至今的数量不多，一般均是双肩长羽翼的童子，身材粗短，造形简朴，动作稚拙，裸体或近于裸体。例如在巴尔胡特窣堵波围梯的方形浮雕"礼佛图"（约作于公元前2世纪末到公元1世纪初）上，刻有两身飞天，上身赤裸，双肩带翼，下身着裙，前腿弓，后腿扬，做飞行状，动作稚朴，动感不强（图13）。稍后在印、巴地区形成的犍陀罗艺术中的飞天，则又明显受到希腊雕刻的影响，带有希腊爱神形象的特征，虽有小翅膀但动感不强。如犍陀罗地区出土的"佛陀涅槃"浮雕（公元2—3世纪）中的8身童子飞天，上身赤裸，下身着长裙，头微昂而卷发、高鼻、深目，臂上生有羽翼，身体几乎呈水平状，给人似在云中飘浮或水中嬉戏的感觉，飞动

图 13　巴尔胡特窣堵波围梯的方形浮雕"礼佛图"中的飞天

感较弱（图14）。

我国新疆地区佛寺中早期的飞天形象，与上述印度、阿富汗的飞天基本相同，如于阗、楼兰、米兰遗址发现的

| 图14　犍陀罗地区出土的"佛陀涅槃"浮雕中的童子飞天

童子飞天、有翼天使等，身体粗短，动作稚拙，大都具有较鲜明的犍陀罗风格。在高昌地区，早期飞天同样造形古朴，动感不强。如吐峪沟西区第4窟（公元3世纪）飞天，上身赤裸，披于双肩的飘带略显僵硬呆板，躯体近于水平状态（图15），与前述犍陀罗"佛陀涅槃"浮雕中童子飞天十分相似，而与该地区唐代壁画中丰满、轻盈的飞天风格迥异。

值得注意的是，以克孜尔与库木吐拉为代表的龟兹石窟艺术中的飞天形象已经十分丰富，呈现出多样化的风格，既有以性别特征不明显的童子为主的印度风貌，也有以男性为主的龟兹风情和以女性为主的中原风姿，说明了当年的龟兹地区正是古丝道上各民族乐舞文化交汇的

| 图15　吐峪沟西区第4窟的飞天

| 图 16　库木吐拉第 15 窟的飞天

大舞台。龟兹风格飞天将印度的凹凸晕染法与西域特有的"屈铁盘丝"线条巧妙结合，使人体形态丰满健壮，配之以色彩鲜明的服饰，动感也明显增强，这就大大减弱了"神"的意味，突出了"人"的风采。特别是中原风格的飞天，画家多以精美抒情的线条来表现女性婀娜多姿的形体、舒展飘逸的服饰，动感强烈，充满了浪漫色彩。如库木吐拉第 15 窟中心柱正面佛龛两旁的飞天，头戴花蔓冠，上身披短衫，下身着长裙，神态安详地端坐于飞动的祥云之上，长长的衣带随风舒展，同时又用富于变化的钝折线条表现人体的婀娜柔和（图 16）；而克孜尔第 48 窟的手举华盖的飞天，更是绘出了身体在疾飞中达到的平衡。可以说，这些飞天形象，既表现了"神"与"人"的接近，又表现了"人"向"神"的升华，逐步趋向"人"与"天"的和谐。这正是中原汉文化"天人合一"观念影响的结果。

敦煌飞天的演变

敦煌莫高窟飞天形象的演变则更为细腻、复杂,也更清晰地反映了丝路文化的交融,更强烈、直接地体现出中原文化的影响。

十六国时期的敦煌飞天(如275窟佛传与佛本生故事画中的天人、天女形象),仍采用西域重色晕染法,身体多呈现 V 形,四肢动作僵直,一条飘带从两肩绕过双臂垂下,动势较弱;上身赤裸,下身则由短裙向长裙过渡(图17)。这也使我们想起了在张掖金塔寺东窟看到的北凉飞天,几乎与莫高窟275窟如出一辙,只因为是浮塑,呈 V 形的身姿及手与腿的动作显得更僵直罢了。敦煌北魏早期壁画的飞天(如254窟中心柱佛龛内的

| 图17 十六国时期的敦煌飞天(莫高窟第275窟)

4 身飞天）在姿势、动态上变化不大，V 形身体的上下身差不多成 90 度直角，四肢僵直，说明还不能摆脱印度风格的束缚（同期在内地如云冈石窟的飞天，身体已呈较圆润的 U 形了）；也有的（如 257 窟中心柱飞天）则已开始试画双飞天，以上、下与强、缓的动作及姿态的配合来增加动感，在动静结合上做了尝试。

北魏晚期到西魏的敦煌飞天形象有了较显著的变化。由于受到以龙门、巩县石窟为代表的中原风格的影响，受到道教及"魏晋风度"审美情趣的影响，同时又受到南朝画风的影响，飞天身体变得苗条以至过分修长，眉目清秀，身着长袍大袖以表现飘逸，显示出强烈的动感与生机，甚至产生满壁生风的效果。这一时期的壁画，往往画法是西域式的，形体与动态却有中原式的特征，身体的强烈转折隐藏在宽衣大袖与飘带之中；在内容上也充分体现了中原西域合璧的效果（如 249 窟中的东王公、西王母与阿修罗神同处一幅画面，佛教飞天与道家羽人并肩飞翔）。有的飞天（如 285 窟的西魏伎乐天），头绾双髻，手执阮咸、箜篌等各种乐器，通过作为背景的鲜花与云气及 C 形或反 C 形的体姿，方向感强到近乎夸张的飘带，来映衬出急速飞行的特征。该窟南壁西侧还有两身全裸的飞天特别引人注目，它们全身洁白，双手合掌，从天上飘然而降；它们与 257 窟顶部平棋中 4 身在莲池中戏水的裸体飞天一样，证明了印度佛教艺术风格不可忽视的影响力。

莫高窟隋代飞天基本上延续了北周的画法，但礼佛的气氛进一步减弱，更加注重构图的装饰效果（以藻井飞天最为突出）。其最大特征是时代感鲜明，出现了大量的飞天群体（如 427 窟窟顶一周绘了 108 身飞天），气质雄深，气氛热烈，气势强劲，反映出实现了大统一之后国家的自信与昌盛；而庞大的飞天伎乐也正是当时集多民族乐舞而成的"七部乐"、"九部乐"在壁画中的生动体现。唐代是敦煌壁画最辉煌的时

| 图 18　莫高窟第 329 窟初唐的莲花藻井上的飞天

代，经过长期的文化交融、探索与积累，飞天艺术也趋于成熟。其成熟的根本标志，在艺术形式上是全面体现出多变的飞动之美，而在内容上则是真正实现了天上与人间的和谐统一。如 329 窟初唐的莲花藻井（图18），中心莲花周围有 4 身随着流云翔舞的飞天，藻井外又有 12 身伎乐天，它们服饰丰富、华丽，神态优雅，活泼多姿，仿佛是地上的舞队与乐工又升到了天上。尤其是盛唐时期，飞天在宏伟的经变画中腾空落地，上下自如，轻歌曼舞，无拘无束。它们身着时装，或身姿轻盈而秀丽怡目，或体态丰腴而雍容大度，体现出时尚之美。它们超然物外而又

置身人世，描绘的是"西方净土"，却又使观者分不清是天上佛国还是人间宫殿；它们与其说是礼佛的天仙诸神，还不如说是娱君的宫娃乐伎。它们仪态万千，却又将最美最动人心魄的姿势，凝滞在瞬息之中（如著名的"反弹琵琶"舞姿），实现了动与静的高度和谐。恰如唐代大诗人李白所描写的："素手把芙蓉，虚步蹑太清。霓裳曳广带，飘拂升天行。"（《古风》）今天，我们正是借助壁画的生动形象，看到了盛行于一千多年前唐代的各种乐舞，看到了当时的习俗与生活，领略与欣赏到绿洲乐舞的精粹。

菩萨如宫娃
——经变画中的天宫乐舞

如前所述，与飞天密切相关的天宫伎乐形象，在敦煌莫高窟现存最早的北凉时代的洞窟中已经出现，它们的基调豪放、刚健、粗犷、强壮，一般身披帛带，或手执各种乐器，或空手而舞，姿态各异。飞天形象经丝路传至我国新疆、河西、中原地区，可谓源远流长，发展脉络清晰，时代特色鲜明，形态丰富多彩。据贾应逸研究员介绍，阿富汗"后贵霜时期"的石窟艺术品已较印度生动，如绍托拉克寺中的树神雕像，"那后披的长发，道道成波状凸起的褶襞，随风飘动的披帛，不是舞蹈，胜似舞蹈，优美动人"（见贾应逸、祁小山著《印度到中国新疆的佛教艺术》，甘肃教育出版社，2002年，第130页）。又如巴米扬第620窟壁画里的飞天形象已经比印度桑奇、阿旃陀窟寺中的同类形象显得舒展、活泼。在敦煌石窟，飞天被称作"敦煌壁画的灵魂"。窟中北朝时期的飞天伎乐形象，已逐渐从拙朴变为清瘦飘逸，动感强烈，或持花蕾、抛花瓣，或吹奏乐器，亦有空手者，均展示出在天界急速飞翔的舞姿。因为飞天已在前一章专题介绍，其舞姿已融入各种壁画舞蹈的形象之中，本章不再赘述。早期敦煌壁画里天宫伎乐的动作特征是大幅度的扭腰出胯，伸臂扬掌，体态挺拔舒展，带有明显的尼泊尔、印度风格。例如莫高窟第251窟北壁有一身北魏时期的天宫伎乐舞者，自左肩而下斜披宽薄巾帛，有如印度妇女所穿的纱丽，身体向右微微挺胯，右手于胸前做"托掌"姿，左臂向下做"按掌"姿，颇具印度舞韵味，正反映了印度佛教艺术对敦煌的影响。

　　盛唐是丝绸之路的繁盛时期，也揭开了中国古代舞蹈史上最为灿烂辉煌的篇章。唐舞形式多样，健舞、软舞风格各异，尤其是因为最高统治者的爱好与提倡，用于宫廷朝会、宴飨的宫廷宴乐舞蹈在很大程度上代表了唐代舞蹈的艺术风范和最高水准。从唐代开始，敦煌壁画中出现了大铺的经变画，成为佛教及其艺术中国化、世俗化的集中展现。唐代壁画中的天宫乐舞形象来源于现实的舞蹈活动，经过艺术的加工创造，又得到升华，在服饰、体态上显得更美、更圣洁，与现实舞人有所不同。唐代经变画天宫乐舞中的菩萨形象体态丰腴，曲线圆润，服饰华美，温婉典丽，神情安详，正是宫廷及民间舞蹈活动的折射与提升，故而唐时即流行着"菩萨如宫娃"的说法。

　　五代时期敦煌壁画中的舞蹈形象，在舞姿、服饰、舞具的运用上均秉承唐代风范，舞蹈内容也与唐相仿，包括长绸巾舞、腰鼓舞、琵琶舞等。引人注目的是五代壁画中又出现久违了的舞袖形象。"长袖善舞"

本是自先秦以来中原的固有传统，在汉晋时代曾风靡不衰，唐以后的有关记载亦史不绝书，但在敦煌，长袖舞的图像却是在五代榆林窟的壁画中才出现的。虽然五代及宋、元时期的敦煌壁画是在唐代基础上延续的，但由于种种原因（包括一段时间内丝路的被阻绝），艺术上创新因素不多，许多人物画不免流于板滞，舞蹈场景画面所表现的舞姿造型、风采神韵、动感意境均不如唐壁画丰富生动。

下面我们介绍几种敦煌佛教经变画中的舞蹈形象。

巾舞

　　唐代经变画中的天宫伎乐场面，有一个最显著的特点，就是舞者双肩均披巾带，上下舞动。即使是手执琵琶、肩挂腰鼓的伎乐天，也同时身佩长巾而舞。在许多乐舞图中，长巾不仅是舞者身上的装饰品，更是重要的舞具，成为今人研究与鉴赏古代《巾舞》的形象资料。

　　《巾舞》因舞者执巾舞蹈而得名，在我国中原地区有悠久的历史。相传公元前 11 世纪的西周时代用于祭祀的《六小舞》中，就有《帗舞》，舞者手执五彩缯；汉代的《巾舞》由《公莫舞》发展演化而成，已用于宴飨助兴，舞者所用巾帛最长的可达两丈多，其舞法与今天的《红绸舞》相同；唐朝妇女普遍使用披帛，舞女亦常执披帛而舞，而宫廷与上层官宦家庭的宴乐中的巾舞更是盛行不衰，"敛翠凝歌黛，流香动舞巾"，大诗人白居易在《题周皓大夫新亭子二十二韵》中的诗句便是这种情景的生动写照。

　　巾舞的流行及其在壁画中的形象，也与中国丝绸生产有着密切的关系。正是丝绸产品的发达，推进了舞者服饰、道具与舞姿的演变，彰显出丝绸之路物质文化的动人魅力。敦煌地区出土了大量丝织品遗物，正是丝路乐舞艺术的重要物质基础。

| 图 19　双人巾舞（莫高窟第 220 窟南壁）

　　敦煌壁画中姿态各异的披帛执巾而舞的伎乐天，虽然其功能是"娱佛"，并非全是实际生活中的舞蹈原形，但那些卷曲拂垂、流动飞扬的舞巾，无不折射出唐代舞蹈活动中舞巾的艺术形象。敦煌唐代壁画中巾舞的舞蹈造型众多，形式多样，让我们选择其中的佼佼者来逐一欣赏。

　　莫高窟第 220 窟南壁双人巾舞（图 19），是绘于初唐时期的巾舞图像（也有研究者认为系从中亚传入之"胡旋舞"，详见本书下一章），二舞伎做"吸腿"姿势赤足立于小圆花毯（舞筵）上，双手上下对称挥巾而舞。圆毯上的联珠图案，则带有明显的中、西亚风格。二舞伎舞姿全同，整齐协调，只是左右相对而异，这正是双人舞常用的编排手法。唐代的编舞艺术已经达到相当高的水平，在双人舞的编排上，出现了多种

处理方法。有时是二人动作一致，俩俩对称，如唐人诗篇所形容："鸾
影乍回头并举，凤声初歇翅齐张"（卢肇：《湖南观双柘枝舞赋》）；也
有的是高低前后，错落有致，或一张一收，或一背一面，对比性强，同
时又相互呼应协调。前者最难之处就在于巾帛飘带动静感的协调统一与
对称一致，而这幅双人巾舞恰恰在这一点上处理得当——上扬翻飞与下
垂卷曲的飘带仿佛在一刹那间达到了动与静的完美结合。

莫高窟第 172 窟北壁正背两面双人巾舞（图 20），是绘于盛唐时期
经变图中的双人巾舞场面，二舞者在长方毯上扬臂举巾而舞，吸腿踏
行，舞姿动态完全一致，却用了一正面、一背面的处理，使画面既富于
变化，又能让观者同时清晰地观赏到同一舞蹈的正背那一刹那姿态。那
围绕舞者长巾飘拂的动势与画面中央似乎缠绕在一起又急速分离、仿佛
触地而又弹起的带
结，使人感到舞者
正有力地挥动双臂
而急步环行。长巾
大幅飘拂、舒卷自
如的动态效果，其
质地非丝绸而莫属。

| 图 20　正背两面双人巾舞（莫高窟第 172 窟北壁）

莫高窟第 148
窟东壁舞姿迥异的
双人巾舞（图 21），
也是盛唐时期所绘
的壁画场景，二舞
伎在梅花图案的长
方舞筵上舞动长巾，

| 图 21　舞姿迥异的双人巾舞（莫高窟第 148 窟东壁）

虽然都是单足吸腿，却姿态迥异：一侧首，一平视；一背面，一正面；一收臂，一张臂；一屈身，一直立。一静一动，均在舞动卷曲的8字绸花中得到展现。画面处理既对比鲜明，又彼此呼应。即便是图中作为背景的水池里的两朵莲花，也是色彩一深一浅，一上涌，一下浮；后面栏杆上镶嵌的几组梅花图案的方形装饰物，也与舞筵图案契合。梅花与莲花，既是中原和江南地区最有代表性的花种，也与佛教典籍内容契合。唐代诗人李群玉《长沙九日登东楼观舞》诗有"低回莲破浪，凌乱雪萦风"之句，颇合此图意境，亦可见画家在处理双人巾舞画面上的匠心。

莫高窟第205窟软舞风格的双人巾舞（图22）。如果说前面几幅舞图展现了唐人"健舞"的风格，那么这幅同样是盛唐时期的壁画所展现的正是"软舞"的风貌。二舞伎单足立于方毯之上，一正面，一侧向，面部内侧，相向而舞，手臂一抬举头顶，一斜垂腰下，手做"弹指"状；单足仁立，侧出胯，身体呈S形。巾带披肩绕臂，下垂卷曲，显现出静穆的气氛，说明正在轻歌声中表演一段节奏舒缓、舞姿柔婉的曼舞。唐人典籍中记载为"软舞"伴奏的曲名甚多，如崔令钦《教坊记》中说"《垂手罗》《回波乐》《兰陵王》《春莺转》《半社渠》《借席》《乌夜啼》之属，谓之'软舞'"，段安节《乐府杂录》中说"软舞曲有《凉州》《绿腰》《苏合香》《屈柘》《团圆旋》《甘州》等"。不一定都是软舞的专有名称，同是以长巾为主

图22 软舞风格的双人巾舞（莫高窟第205窟摹本）

| 图 23　倾身低头的单人巾舞（莫高窟第 201 窟）

要道具的舞蹈，自然也可以展现或刚健、或柔软的不同风格。

　　莫高窟第 201 窟倾身低头的单人巾舞（图 23）。巾舞亦多单人表演。这幅中唐时期的壁画描绘的正是属于软舞风格的单人巾舞。头戴山形花冠、上身着透薄纱衫的舞伎在方形舞筵上倾身低头，垂目凝神，舒展双臂挥动巾带而舞。身后是梅花图案横帘下张挂的蓝色轻纱短帐，恰

| 图 24　西域乐韵伴奏的单人巾舞（莫高窟第 358 窟南壁）

与漫卷拂垂的蓝色长巾相衬，舞姿柔曼，动势舒缓，同样给人以美的享受与遐想余地。

莫高窟第 358 窟南壁西域乐韵伴奏的单人巾舞（图 24），也是中唐时期的壁画。这幅壁画的单人巾舞的特点在于舞伎两侧的乐队，右边三人用琵琶、横笛、拍板伴奏，左侧三人用琴、竽篪和箜篌伴奏，除横笛、琴外，其余四种均是西域的龟兹乐器。在这充满丝路乐韵的混合乐队的伴奏中，舞伎两手执巾上扬，扭胯踏足，神情安详。这幅壁画的主色调由黄、绿、蓝三色组成，仿佛提示我们这正是丝路上融合黄沙、蓝天、绿洲的乐舞。中原传统舞蹈与西域音乐的这种组合形式，在敦煌唐代壁画里屡见不鲜。在 358 窟北壁的另一幅八人伴奏的巾舞画面中，也有三人击腰鼓与横笛、竽篪、拍板、箜篌等一道伴奏的场面。而且特别有意思的是，这两幅画面中舞者与伴奏者均做闭目状，仿佛全都沉浸在乐舞的仙境之中。类似的舞姿我们还可以举出莫高窟第 341 窟经变画里

的图像，舞者两臂挂巾上扬，踏
足于圆毯之上，扭胯吸腿的姿势
都很突出（图25）。

　　莫高窟第112窟南壁举步急
行的单人巾舞（图26），同样也
是绘于中唐时期的巾舞画面。这
幅壁画特别细致地描绘了舞伎执
巾前倾、举步急行的姿态。舞者
细腰宽胸，在箜篌、笙、海螺等
乐器的伴奏下，双臂所搭巾帛系
连腰间，两手执双色巾带，左足
踏毯翘指，右腿后掖在花裙内，
有明显的欲举步前行的动姿。现
在舞蹈家表演《长绸舞》时，也
常采用这种长绸搭臂，急步出
场，然后挥巾起舞的艺术处理，
显示出古今艺术传承的关系。

　　莫高窟第286窟南壁有一幅
绸花翻跹的巾舞壁画，很可能绘
于吐蕃占领敦煌的中唐时期。舞
伎在方毯上踏足收腿执巾而舞，
巾带翻卷成纹，似为舞巾动势造
成的绸花，正与梅花图案的舞筵
相映成趣。舞者左半身画面略有
残缺，但其丰腴的面部十分清

| 图25　急舞旋巾（莫高窟第341窟摹本）

| 图26　举步急行的单人巾舞（莫高窟
第112窟南壁）

晰，既富有唐代标准美女的丰满，又具备吐蕃民族所欣赏的健壮。与此相近的是第 154 窟北壁的巾舞舞者形象（图 27），同样绘于中唐时期。舞者头部略长而面部丰腴，体格健硕。发上的大花髻成蝴蝶形状，舞巾抖落成双色绸花。大概是因为场地比较局促的缘故，舞者的动势不大，似以原地腾踏为主。

莫高窟第 12 窟东壁短巾单人巾舞（图 28），是晚唐时期所绘的《报恩经》经变画中的单人巾舞场景。舞伎斜张双臂，执巾扭胯而舞。与一般巾舞不同的是舞伎肩上所披、腰间所系的绸巾均较短，手执的巾带也不长，呈赭红、湖蓝双色，与长巾飞扬或环绕卷曲不同。绸带的动势，反映出舞姿较舒缓沉稳。两侧八人的伴奏乐队用的除拍板外，似乎都是箫、笛一类的管乐，也从一个侧面证明所强调的是中原的传统乐舞。

莫高窟第 85 窟南壁有大型乐队伴奏的巾舞（图 29），这是晚唐时

| 图 27　巾舞（莫高窟第 154 窟北壁）

| 图 28　短巾单人巾舞（莫高窟第 12 窟东壁）

| 图 29　大型乐队伴奏的巾舞（莫高窟第 85 窟南壁）

| 图30 赤裸上身的巾舞（莫高窟第 197 窟北壁）

期所绘的大型乐舞场面：一舞伎在长方形舞筵上翩然起舞，两侧各有八人的伴奏乐队，演奏着十六种各不相同的民族乐器。舞者双臂挽搭长巾，右臂抬举，左臂侧展，头戴"山"字形冠饰，蓝色纱裙下缀繁复下摆以增强动感，微侧脸，倾身扭腰，清晰地衬托出优美的 S 形体态，增添了舞巾的动势。舞者视线向下，更显出典丽妩媚的情态。据史料记载，唐代有些大型宫廷乐舞，奏乐起舞者可多达几百人。这幅壁画里的乐舞组合，恰是唐代宫廷大型乐舞多民族乐舞汇合的缩影。

莫高窟第 197 窟北壁经变画中有一幅赤裸上身的巾舞（图30），十分显眼。作为佛教艺术中的形象，唐代经变画中的乐工舞伎常常赤裸上身，与当时的现实生活不同，可能是画工为了表现佛国世界的圣洁美好而特意描绘的。唐代现实生活中的舞蹈，演员的服饰特别讲究，"百宝装腰带，真珠络臂鞲"（杜甫《即事》）。"宝钗新梳倭堕髻，锦带交垂连理襦"（许景先《折柳篇》）。因此，大多数伎乐形象身着薄透绸衫，均有明显而突出的头饰、项圈、臂钏、璎珞等装饰，显示出似裸非裸的效果。而这幅中唐时期的壁画由于所用颜料突出了身体上赭红色的线描，淡化了其他服饰的颜色，配以舞伎上方全裸的莲花童子图像，舞筵两侧的十位裸体奏乐者，更突出了裸体的效果。舞伎左侧的双翼裸体飞天，舞筵前展翅踏足而舞的双头共命鸟，与扬目展巾的舞伎相映成趣。

　　榆林窟第19窟南壁有造型新颖的双人巾舞（图31）。这幅五代时期经变画中的双人巾舞图虽然色彩比较单调，描绘人物及巾带的线条也不够生动，但是舞姿组合的造型较为新颖。二舞伎身材矮壮，均头戴"山"字形花冠，身披肩绕长巾，右边舞者正面左侧扭胯，右手向身左侧垂，左手执巾举至头侧；左边舞者侧面倾腰，双手合十高举头顶，似乎在强调舞蹈的礼佛功能。与唐代的同类壁画相比，五代、宋时期的舞蹈图像似乎缺少了流转飞动的态势，一般显得节奏比较缓慢，舞

| 图31　造型新颖的双人巾舞（榆林窟第19窟南壁）

者的表情也略嫌呆滞。例如莫高窟第 55 窟东壁宋代所绘巾舞场景，舞伎在八人乐队伴奏下执巾起舞，左手托掌，右手按掌，长巾垂绕，倾身向前，有缓舞慢转之势，舞者与伴奏者的神情都比较呆板。这很有可能与当时与内地的文化交流被阻滞，画匠缺乏实际的舞蹈生活有关。

还需要说明的是，这些舞蹈图像中的巾带与服装，应该都是丝绸制品；而方、圆舞毯，也都是带有各种图案、不同风格的丝毛织品，反映出丝绸之路的物质文化交流。

鼓舞

在中国传统的打击乐器里，鼓类占有突出的地位。"城头叠鼓声，城下暮江清"（李商隐《听鼓》）。"簨笙磬竽瑟，是必登清庙"（陆龟蒙《杂讽》）。除了打仗振奋士气的用途，鼓乐在祭祀与宴乐歌舞中亦不可或缺，盘鼓、建鼓、铜鼓、腰鼓及鸡娄鼓、答腊鼓、羯鼓等都曾在各种图像中出现。唐人诗篇提到的鼓种类亦多，大多作为伴奏乐器使用，相关史籍中明确记载用作舞具的却不多见。如腰鼓，是传自少数民族地区的乐器，《旧唐书·音乐志》记载"九部乐"、"十部乐"里的《西凉乐》《高丽乐》《疏勒乐》《高昌乐》，均有腰鼓做伴奏乐器，反映了丝路绿洲乐舞的一个特点，而古文献及中原地区的出土舞俑与墓室壁画中却罕见"腰鼓舞"的遗存。唐代敦煌经变画中天宫乐舞的舞具，除了巾帛外，各式腰鼓、长鼓则频繁出现，为我们鉴赏与研究当时的舞乐留下了珍贵的图像资料。

敦煌壁画中腰鼓舞伎乐天所用腰鼓大小不一，型制各异。有的挂在腰间或腹前，有的悬置胸前。舞伎姿态大多是立腿微屈，一腿屈抬，膝与腰齐做"端腿"姿；脚拇指用力翘起，双臂平展，奋张手指，做用力击鼓状。击鼓而舞的舞蹈形式至今流传在我国各地的民间民族舞之中，如山西的"花鼓"，藏族的"热巴鼓舞"，陕西安塞的"腰鼓"，朝鲜族的"长鼓"，等等。可见唐人经变画里的"腰鼓舞"，也是当时现实生活中普遍流行的一种舞蹈形式，而且一直演变、发展、流传至今，有着强大的生命力。2014年11月10日晚，"APEC领导人非正式会议欢迎晚宴及文艺演出"在北京与"鸟巢"相对的"水立方"隆重举行，中国作为东道主向与会各经济体的领导人和代表奉上了一场具有民族特色和国际视野的文艺演出，其中大型鼓阵各种鼓舞表演震撼人心，突显了中国人民"一鼓作气"的气势，给大家留下了深刻印象。

敦煌莫高窟第158窟佛坛下右侧有腰鼓舞画面（图32）。该窟正中

｜图32 佛坛下右侧腰鼓舞（莫高窟第158窟）

主坛上有著名的中唐时期所塑释
迦牟尼涅槃卧佛塑像，与塑像后
所绘的巨幅各国王子举哀图相对，
佛坛之下右侧绘有"外道谤佛"
图，图中即有腰鼓舞场景：外道
闻佛涅槃，欢呼跳跃，一人兴奋
得手舞足蹈，那张臂抬腿，肌肉
突显，奋击腰鼓的姿态，当是生
活中常见的舞姿。因为是形容谤
佛的场面，为历代礼佛的信众所
厌恶，画面已被严重刻划，以致
我们今天已不能清晰地看到舞蹈
者的神情和腰鼓型制等细节（近
期有的研究者对此图主题也有不
同认识）。这里展示一下此画面的
临摹线描图（图33）。

| 图33　佛坛下右侧腰鼓舞（莫高窟第
158窟摹本）

　　榆林窟第25窟南壁中唐时期
所绘的《无量寿经变画》中有单
人鼓舞场面（图34）。舞者上身
裸露，戴项圈、璎珞、臂钏、手
镯，手挽长巾，向左侧身，吸提

| 图34　腰鼓舞（榆林窟第25窟南壁）

左腿做腾跳之势，双臂平展，十指大张，正欲拍击垂挂于胸下的腰鼓。
其右脚五指用劲紧抓舞筵，左脚拇指用力翘起，似乎已经运足了全身的
气力。长巾随节奏回转流动，形成优美的8字绸花。腰鼓型制较大，装
饰美丽，与舞者腰间的佩饰相得益彰。两侧各八人的伴奏乐伎使用了

｜ 图 35　胸鼓舞（莫高窟第 108 窟南壁）

箫、横笛、排箫、方响、海螺、筚篥、笙、琵琶八种不同的乐器，神情各异；舞伎左侧还有一人首鸟身的伽陵频迦弹奏着琵琶，使整个画面更加生动和谐。

　　莫高窟第 108 窟南壁胸鼓舞（图 35）为晚唐时期线描与敷彩双佳的杰作。舞伎头戴花饰，披巾、侧身、展臂、张手指、翘脚趾及一足屈膝高提等姿态，与其他腰鼓舞图无异，不同之处是舞者气质刚健，鼓形稍小，纹饰清晰，挂鼓位置提上至胸前，有如今天山西花鼓舞胸前挂鼓的样式。从两臂挂下的巾带似乎比一般舞巾长得多，舞时形成了多个 8 字绸花；舞筵上的梅花图案被画工夸张地描画成繁星密布的模样，正与舞巾绸花相映成趣，既可看出舞蹈的动势与节奏，又烘托了场面的热烈气氛。

　　莫高窟第 156 窟南壁壁画中表演的是对舞中的击长鼓舞（图 36）。莫高窟唐代经变画中有多幅舞伎分别击鼓与弹琵琶对舞的画面，这幅晚唐壁画是其中之一。位于舞筵左边的舞者肩披长巾，挂长鼓垂于腰间，双臂舒展，手指一张一收，正欲拍鼓；右腿微屈而立，左脚掩于长裙之中，可能正做"掖腿"

图 36　对舞中的击长鼓舞（莫高窟第 156 窟南壁）

| 图37　鼓舞拉山膀舞姿（莫高窟第5窟北壁摹本）

或"踏步"动作；低头倾身，闭目凝神，表情温婉，姿态优美。画中的鼓细腰宽面，长度似与今朝鲜族的《长鼓舞》相近。

莫高窟第5窟北壁描画了鼓舞拉山膀舞姿（图37）。这幅五代时期壁画上的鼓舞舞伎头梳双髻，脖戴悬珠串之项圈，身披长巾，左腿微屈而立，右腿屈膝高抬，着有花饰的紧身裤，一面大型腰鼓垂挂腹前。舞者右臂屈举，张掌欲单手击鼓；左臂提肘翻掌，其手姿与今天古典舞中的"拉山膀"十分相似。戏曲古典舞继承前代传统的线索，在本图呈现得相当清晰。

琵琶舞及反弹琵琶舞姿

　　"琵琶长笛曲相和，羌儿胡雏齐唱歌"（唐·岑参《酒泉太守席上醉后作》）。"乐府只传横吹好，琵琶写出关山道"（唐·顾况《刘禅奴弹琵琶歌》）。琵琶本是由西域传入中原的一种乐器，与秦汉时代中原的弹拨乐器弦鼗（后称阮、秦琵琶）一起不断被改造，演奏技法渐趋完善。

到唐代，随着西域乐舞的繁盛，琵琶在众多乐器中占有独特地位，是既能独奏，又可合奏、伴奏的重要乐器。在敦煌壁画的天宫乐舞场景中，出现了许多手执琵琶而舞的舞蹈形象。这些壁画中的舞伎，大多反弹琵琶而舞。

| 图 38　北凉时期的伎乐天（莫高窟第 272 窟窟顶南披）

其舞姿多为：上身微微前倾，琵琶反背于颈后，左臂伸直握弦，右臂屈于音箱，一足屈立，另一腿屈抬成"端腿"姿。这种造型独特的舞姿深受观者喜爱，但是我们在唐代的文献中并未见有正弹或反弹琵琶起舞的记载，琵琶一般均用作伴奏乐器。敦煌早期天宫伎乐天壁画已多处出现一乐伎弹奏琵琶，为身旁另一舞伎伴奏的图像，如莫高窟第 272 窟窟顶南披北凉时期的伎乐天（图 38）、第 248 窟南壁北魏时期的伎乐天（图 39）。在敦煌壁画表现民间赛神的民风习俗画面中，也多处出现女巫弹琵琶起舞的场景，可以确知当时现实生活中有边弹奏琵琶边舞的琵琶舞。至于反弹琵琶舞姿，在中唐以后的敦煌壁画里大量出现，舞蹈史研究者推测可能是吐蕃统治敦煌时期传入的。据舞蹈工作者考察，西藏定日地区至今还有反弹四弦琴起舞的形式。当然，也不能排除西域昭武九姓原有乐舞中就可能有反弹乐器而舞的动作，以显示舞蹈者的精湛

｜图 39　北魏时期的伎乐天（莫高窟第 248 窟南壁）

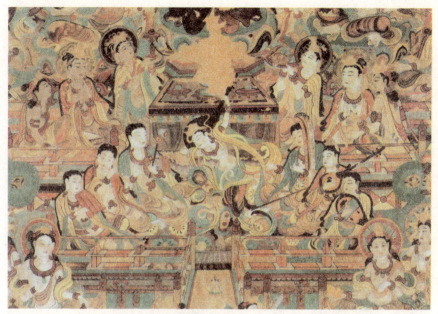

| 图40　反弹琵琶舞姿（莫高窟第112窟南壁）

技艺。有的研究者认为，琵琶作为乐器，反弹的姿态是不便于演奏的；但是既然作为舞具，其奏乐的功能削弱了，再经过画家的想象与艺术加工，突出了舞伎的优美姿态、高超技艺与独特造型，可谓别有一番风韵。

　　莫高窟第112窟南壁反弹琵琶舞姿（图40），是敦煌壁画中最著名的一幅反弹琵琶舞蹈画面，绘于中唐时期。舞筵两侧各有三个伴奏乐伎，均细眉秀目，樱桃小口，神态各异。舞伎上身向右前倾，左腿屈立，右腿屈膝，高提大腿，脚部上勾，拇指用力翘起；肩披长巾，反背琵琶于脑后，左手按弦，右手屈于音箱后拨弦。舞者高髻云鬟，面部丰腴圆润，表情温婉柔和，"朱唇一点桃花殷，宿妆娇羞偏髻鬟"（岑参《醉戏窦子美人》），应是典型的唐代宫娃特征。画匠将舞者矫捷的动势、优雅的姿态、妩媚的神情汇聚凝固在侧身反弹的那一瞬间，

| 图 41　佛龛北侧盛装反弹琵琶舞伎（莫高窟第 159 窟西壁）

给后世观赏者留下无穷的联想发挥和再创作的空间。

莫高窟第 159 窟西壁佛龛北侧有盛装反弹琵琶舞伎图像（图 41），这是乐舞场景里舞伎身姿的一个特写画面，亦绘于中唐时期。舞者宽胸细腰，面部丰满秀丽，盛装打扮，头饰、项圈、臂环、手镯、腰饰、脚环与舞裙上的珠串一应俱全，华丽夺目，不禁使人想起晚唐大诗人李贺《十二月乐辞》里的诗句："金翅峨髻愁暮云，沓飒起舞真珠裙。"舞者右腿屈膝高抬，脚趾张开，反背琵琶于脑后。长巾卷曲飞扬于全身上下，构成舞巾流动状的纹饰，而成为一种表现飘逸意境的装饰性花饰。画面以绿色为主色调，给人以绿意盎然之感。

莫高窟第 108 窟南壁与击腰鼓者对舞的反弹琵琶舞伎是晚唐时代的壁画图像，其构图朴素，似以线描取胜。击腰鼓与反弹琵琶舞伎身材均较矮壮，近身相对而舞。头上的"山"字形花饰，颈下、腰间花饰均十分突出，更为夸张的是身上所披垂地长巾，其略为卷曲的绸花并无动感

| 图 42　与舞长巾者对舞的反弹琵琶舞伎（莫高窟第 5 窟摹本）

可言，似乎仅是一种固定的造型。反弹琵琶舞伎背身反执的琵琶只用淡淡的线条勾勒而成，但画匠却突出了后伸的左臂与按弦的手指，使人仿佛感受到了舞者边舞边弹奏的高超技艺。我们还看到莫高窟第 5 窟中有与执长巾舞者对舞的反弹琵琶舞伎形象，侧身垂目、举手投足的舞姿给人以对称的美感（图 42）。这里展示的是临摹图，采用了工笔重彩的绘法，突出了整个舞蹈的华美。

莫高窟第 156 窟南壁绘有与击长鼓者对舞的反弹琵琶舞伎形象（图43）。此前我们已经介绍了该图中击长鼓舞者的形象，而反弹琵琶的舞者背身做半蹲姿态，左腿屈立，臀

| 图 43　与击长鼓者对舞的反弹琵琶舞伎（莫高窟第 156 窟南壁）

| 图44　与长袖舞者对舞的琵琶舞（榆林窟第19窟北壁摹本）

部重心后移，画匠刻意描绘了反背的琵琶正面与伸臂按弦的左手、屈臂拨弦的右手，显示了其反弹的真实性；再加上掖腿左伸的右脚，更突出了这个动作的高难度。舞者倒执琵琶半遮面，垂目张嘴的依稀愁容，又使我们想起了白居易那首千古绝唱《琵琶行》中"弦弦掩抑声声思"、"别有幽愁暗恨生"的诗句。

榆林窟第19窟北壁绘的是与长袖舞者对舞的琵琶舞（图44），这幅五代时期的经变画展示了宏大的乐舞场景，榜题说明为"十二药叉大将皆来集会"。乐舞画面分上下两层，上层为舞伎在六人乐队伴奏下击胸鼓起舞，下层为舞袖与正面执琵琶的双人舞，另有十人乐队伴奏。双人舞左边舞伎甩舞长袖，回眸斜视舞琵琶者，舞袖向左，长巾右飘，给人以旋转动势强烈的感觉。与我们多见的反弹琵琶舞姿不同，这里的舞者用了怀抱琵琶边弹奏边舞的姿势，左手按弦，右手则描绘了弹拨后放手的那一瞬间，与飘拂的8字绸花相衬，也富有动感。舞者身材矮壮，面部丰满，显示出崇尚健美的风韵。

绳舞、盘舞等

天宫伎乐乐舞舞具除最常见的巾帛、腰鼓、琵琶之外，还有花绳、铃铛、杯盘等。这虽是敬佛娱佛贡品的展示，也是现实生活的反映。有些舞具，本来是舞蹈者服饰的不可分割的组成部分，如唐代大诗人杜甫所咏："百宝装腰带，真珠络臂韝。笑时花近眼，舞罢锦缠头。"（《即事》）后来渐渐独立成为一种新的舞蹈内容。有些则是西域少数民族习见生活与劳动场景经艺术加工而形成的舞蹈品种，如新疆民间的《献花串舞》《盘舞》《水罐舞》，内蒙古民间的《安代（舞巾）》《灯舞》《马铃舞》等，也常常被画工吸收到宗教绘画中来，只是在敦煌壁画中表现得还不很充分。

敦煌莫高窟第 435 窟北壁（图 45）有一幅舞花绳的伎乐菩

图 45　绳舞姿态（莫高窟第 435 窟北壁）

｜ 图46 花串绳舞（榆林窟第 20 窟东壁）

萨形象，舞者袒右肩，身披类似印度纱丽的服装，屈臂双手扭腕执下垂的长花绳而舞。可惜因为画面色彩氧化的原因，今天已经看不清花绳原来的色彩了。在榆林窟第 20 窟东壁（图

| 图 47　克孜尔第 76 窟舞花绳伎乐天

46）有一幅五代时期所绘的供养菩萨像，菩萨右膝单跪于莲花宝座之上，头戴花冠，耳珰、项圈、臂钏、手镯俱全，双臂前举，两手略平伸执以小圆环连接的短花绳，绳上各色花串大而鲜明，形成铃铛效果，

| 图 48　克孜尔第 76 窟主室穹顶舞花绳伎乐天

身上亦披戴着细花绳。今天新疆南部麦盖提、库车等地的大型歌舞"麦西来甫"中均有《花绳舞》程式。所以我们可以在新疆克孜尔、库木吐拉等处千佛洞壁画里看到更丰富的《绳舞》图像。如克孜尔第 76 窟主室右壁上部的天宫伎乐图和穹顶的飞天图中即有舞花绳的乐伎与执成串花绳的飞天形象（图 47~48），这些壁画现藏于德国柏林亚洲艺术博物馆。龟兹壁画中的菩萨、天

| 图49　舞伎（莫高窟第288窟南壁上部）

王及人间王者常常披挂花绳形状的璎珞，也可印证丝路绿洲绳舞道具的普遍性。

敦煌莫高窟第288窟南壁上部（图49）有一组西魏时期所绘的天

| 图50　托花盘舞伎（莫高窟第288窟东壁）

宫伎乐形象，其中一身呈双腿跪坐的姿态，两臂屈肘上举，双手在头部前上方做捧抛花盘之状。画工将花盘刚脱手的一刹那情景定格下来，舞者面部为典型的少数民族特征，表情专注而虔诚。同窟西壁还有一身手托果盘的伎乐形象，果盘上插满香花，可证亦为娱佛而绘，舞者头戴山字形

冠，拧身回眸，似和西壁、东壁所绘伎乐相呼应。该窟东壁亦有一身手托花盘起舞的伎乐（图 50），头戴花冠，转头回眸南壁。舞者双眉间额头上点有吉祥痣，神情虔诚安详，两肩披巾上扬有飞动之势。榆林窟第 20 窟东壁供养菩萨画像中亦有托花盘的舞蹈形象（图 51），菩萨双膝跪于莲花座上，左手略沉肘托花盘向前，右手摊掌垂于身体右侧，掌心有一六瓣花朵，体态优雅。《杯盘舞》是西域少数民族历史悠久的民间舞蹈，现今仍在新疆地区盛行不衰，而且无论托盘、顶盘、叠盘等动作，

| 图 51 托花盘的供养菩萨（榆林窟第 20 窟东壁）

| 图52　双供养伎乐线描图（安西东千佛洞第2窟）

往往都盛上物品或装了水、乳，顶、接、抛、甩，乃至旋转和弯腰俯身，均准确自如，不会洒漏，令观者惊叹不已。

　　还值得一提的是，在安西东千佛洞第2窟有一组西夏时期的双供养伎乐图（图52），二舞者的左右两臂及双腿紧相勾连，缠绕的左右臂共同托举一巨大的花果盘于头顶，真是熔舞蹈与杂技于一炉，又隐现密宗色彩，堪称西夏时期宗教画里颇具特色的精品。论者以为通过这幅特殊风貌的舞图，可以欣赏到我国古代民间舞蹈技巧的奇特与高超，同时也不由人不佩服当年画师构思的巧妙与技艺的精湛。当然，也有的研究者认为某些菩萨图像及姿态（还有佛的"手印"），具有特殊的宗教含义，不应解释为舞姿。我们则觉得这些图像姿态也来源于现实生活，还是与舞蹈有一定的关联。

人间多曼舞
——壁画里的民俗歌舞场面

　　敦煌隋、唐、五代时期的大铺经变画中，除了绘制体现佛国世界的天宫乐舞之外，还有一些绘有故事情节的零散的乐舞图像，形式多为两三人表演的小型民间歌舞，大致类似平民日常生活中的即兴舞蹈，舞者服饰多为窄长衣袖，圆领罗衫，紧束腰带，比较真实地反映出当时民间舞蹈表演的情况。此外，敦煌石窟中描绘的人间世俗乐舞形象也往往出现在供养人伎乐图里，或反映达官贵人宏大的出行场面，或表现下层民众供养人的乐舞活动，他们多以人间礼佛朝拜的舞乐人群像展现，更应该是丝路绿洲丰富多彩的现实生活的直接反映。

敦煌壁画中的民俗歌舞场面，从内容上大致可以分为民间宴饮、嫁娶、出行、观赏及宗教祭祀舞蹈等。例如嫁娶宴乐图，据统计在敦煌壁画中有 46 幅之多，主要绘于《弥勒经变》画中，其中绘于唐代的有 35 幅。十六国时期后秦高僧鸠摩罗什所译《佛说弥勒下生成佛经》里说，在弥勒的极乐世界，"人寿八万四千岁"，"女人年五百岁，尔乃行嫁"，于是画工描绘佛国世界女子出嫁的乐舞场景，就成为我们今天研究古代民间嫁娶舞蹈的珍贵资料。又如在唐代，宗教祭祀仪式中的舞蹈活动也十分兴盛，并逐渐向提高艺术水准以娱神兼娱人的方向发展。一方面，寺院成为兼有宗教活动与群众娱乐功能的重要场所，寺院歌舞虽带有宣教性质，但为了更贴近民众生活实际，也大量吸收世俗舞蹈，敦煌壁画中就有这样的舞蹈场面；另一方面，一般民间祭祀中源远流长的巫舞成为巫术活动的有机组成部分。唐五代时期，随着舞蹈艺术的高度发展，巫舞的神秘色彩渐趋淡薄，娱乐功能加强，更加讲究形式美与观赏性，敦煌壁画中出现了不少治病、驱鬼、赛神等巫术活动中的舞蹈场景。有的女巫，常常头戴簪花，身着唐服，手抱琵琶，随乐起舞。

供养人礼佛舞

| 图 53　树下奏乐起舞供养人伎乐图（莫高窟第 297 窟）

| 图 54　树下奏乐起舞供养人伎乐图（莫高窟第 297 窟摹本）

　　莫高窟现存早期的世俗舞蹈形象均为北周所绘，仅有两幅，因均位于洞窟显要位置而且都属于西域舞蹈风格，颇引人注目。一幅是莫高窟第 297 窟的树下奏乐起舞供养人伎乐，绘于该窟西壁主佛佛龛下，正对窟门（图 53~54）。画面上五个着突厥装的供养人，正奏乐起舞向佛朝拜。其中三人分别吹奏笙、箜篌、琵琶，二舞者两手交叉举至头顶，大幅度摆胯，移颈动头，充满了西域风情。画面上还有一人因图

像毁损细部难以辨认，临摹图将其画成为肃立一旁的旁观者，似不确。从残存的形态看，应该也是一位舞者。据史籍记载，北周天和三年（568）三月，武帝宇文邕迎娶突厥可汗俟斤之女阿史那氏为皇后，"大会百寮及四方宾客"。当时随同皇后到长安的还有来自康国、龟兹、高昌等地的庞大乐舞团，他们独具风格的表演轰动了京城。武帝特地下令将这些乐舞归入宫廷乐舞机构大司乐传习，采用西域音乐旋律，配置中原的传统乐器，融为北周的雅乐演奏。这幅敦煌供养人歌舞壁画，正是当时流行西域民间乐舞在宗教艺术上的生动反映。

莫高窟第 299 窟西壁佛龛龛楣的莲花丛中乐舞（图 55）是另一幅北周时期所绘的礼佛舞蹈形象。画工在佛龛正中主佛头顶的莲花丛中绘了五身伎乐天：一男性舞者赤裸上身，在花茎间交足而舞，他肩绕帛巾，腰系短裙，高举双臂，合掌头上，侧身扭胯，扬目移颈。他下边两侧的花蕾上各有两位伴奏者单腿屈膝盘坐，中间两位靠肩对视，分别弹奏着曲项琵琶与箜篌，旁边两位分别吹筚篥和笙。在主佛头顶上方绘制俗舞场景，在敦煌壁画中实属罕见，也从一个侧面说明了西域民间乐舞在当时风行的程度。

莫高窟第 23 窟北壁拜塔舞蹈（图 56）。民间礼拜佛祖、菩萨的形式多种

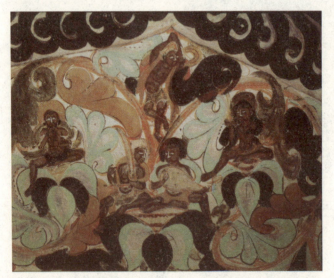

图 55 佛龛龛楣的莲花丛中乐舞（莫高窟第 299 窟西壁）

| 图 56 拜塔舞蹈（莫高窟第 23 窟北壁）

多样，因为佛塔亦是佛法与人间功德的象征，所以拜塔也是礼佛的形式之一。这幅盛唐时期的世俗画表现的就是民间拜塔起舞的场面。一位舞者着短袖上衣与短裙，两臂上举，抬头仰视面前的佛塔，右腿屈膝立地，左腿吸收使脚后跟贴近臀部，正以大幅度的跳踏动作礼拜起舞。舞者身旁有一人匍匐在地做跪拜姿势。舞者身后的地毯上坐着六人乐队，吹击弹拨，为舞蹈伴奏。画面右侧榜题下有四个正聚沙筑塔的儿童，穿着肚兜，稚朴可爱，充满了生活情趣。榜题上的文字依稀可辨，说明香花、称名、乐舞礼拜等均是供养佛祖的形式。

宴饮舞与敦煌舞谱

    中国的宴饮乐舞是饮食文化的重要组成部分,一般可区分为宫廷宴乐、官僚贵族宴乐与民间宴乐。它们之间除了规模、服饰、乐队、场景、气氛的差别外,主要表现为娱乐对象的不同。在敦煌壁画里的宴乐图中,最具观赏与研究价值的是描绘民间嫁娶宴饮活动的乐舞场面,充满了浓厚的生活情趣。例如绘于莫高窟第445窟北壁的婚宴舞图(图57),非常真实地反映了盛唐时期西北地区的民间习俗:屋外的庭院中搭起了帐篷,婚礼则在帐内举行,左上侧宴席桌旁端坐宾主,右侧为拜堂行礼的新郎新娘,中央是翩翩起舞的舞伎,右上方有五人的伴

| 图57　婚宴舞图(莫高窟第445窟北壁)

奏乐队，右后方有作为洞房的圆顶青庐。舞伎扬袖抬足、扭腰回眸，使我们想起白居易"妆成剪烛后，醉起拂衫时"的诗句。有的研究者认为图中"慢态不能穷"的韵律风格及服饰与著名的《韩熙载夜宴图》里王屋山舞软舞《六幺》（又名"绿腰"、"乐世"）的情景十分相似，但舞图上的青庐氛围却和大官僚豪宅的穷奢极侈是迥然不同的。另外，青庐之俗源于西北游牧民族，后又传入印度一带，在敦煌的壁画里再现，正体现了民族文化交融的魅力。《韩熙载夜宴图》里的伴奏是一架大鼓、一个拍板，还有二人击掌；这个乐舞场面中伴奏者除一人吹箫外，其余的人分别在拍板、击钹、按掌，均起掌控舞蹈节拍的作用，显示这类舞蹈是比较讲究节奏的。

又如榆林窟第38窟西壁五代时期所绘的婚宴场面也

图 58　婚宴舞场面（榆林窟第 38 窟西壁）

特别引人注目（图58），因为从画面看是回鹘与汉族通婚的喜庆典礼：右侧帷帐里的新娘头戴桃形凤冠，这正是回鹘贵妇的标志，着红衣的新郎则是汉族官人打扮。左边帐篷里坐着回、汉男女宾客及亲友，桌上摆着大盘菜肴。帐前空地上有一位男性舞者，正面对一位手执团扇的年轻女子扬袖起舞；另一男性侍者托盘站立舞者身后，盘中放着酒碗。显然和这个舞蹈密切相关。

| 图 59　宴席前舞蹈场面（莫高窟第 98 窟北壁）

　　莫高窟第 98 窟北壁绘有五代时期的一幅《贤愚经变》，其中也有民间宴饮舞蹈的场面（图 59）：五位着袍服的男子，围坐在放了菜肴的酒桌前；一位同样着常服的男子，则在桌前临时卷袖束衣，平展两臂，双手握拳，吸提右腿，似在做旋转而舞的动作。舞者左侧一人执拍板为舞蹈击节，右侧一人则端盘而立，准备进酒。

　　舞蹈史研究者推测以上壁画的宴饮舞蹈，很可能即是唐五代时期广泛流行的"打令舞"——这是酒宴上带娱乐性的礼俗舞蹈，讲究节拍，与各种曲牌的"打令词、曲"密不可分，有规定的仪礼与舞蹈程式。白居易《代书诗一百韵寄微之》诗云："密坐随欢促，华尊逐胜移。香飘歌袂动，翠落舞钗遗。筹插红螺碗，觥飞白玉卮。打嫌调笑易，饮讶卷波迟。"（白氏自注："抛打曲有《调笑令》，饮酒曲有《卷白波》"）而敦煌的这些舞蹈壁画，正好启示我们去认识藏经洞文献里发现的唐代舞谱。

　　敦煌舞谱残卷自 1925 年经我国学者刘复首先从法国巴黎藏敦煌写卷中发现定名并编入《敦煌掇琐》，至今已经陆续发现并刊布多个写本。九十年来，中外多位学者对它们进行了整理、释读与研究。上世纪80年代末，柴剑虹整理出 S.5643、P.3501 两卷的 8 名 24 谱（如《浣溪沙》《双燕子》《南乡子》等）（图 60）；1984 年后又陆续发现了敦煌写本中 5 个不同内容的舞谱残卷，尤其是李正宇研究员发现的 S.5613 号题

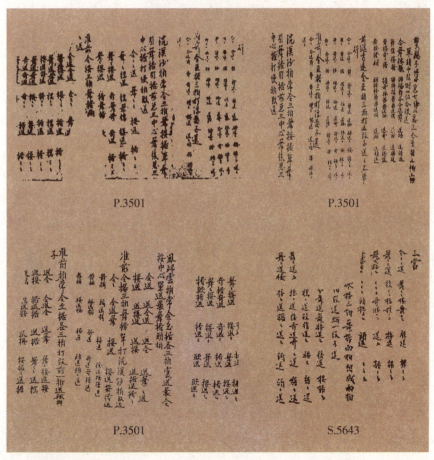

P.3501　　　　　　　　　　P.3501

P.3501　　　　　　　　　　S.5643

| 图 60　敦煌舞谱残卷

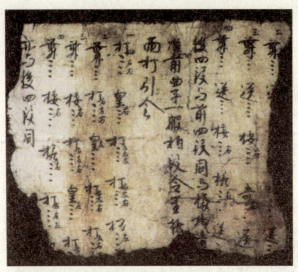

署为《上酒曲子南歌子》及方广锠研究员在国家图书馆藏品里发现的北图残820号（BD.10691）《两打引令》谱（图61），更进一步证实了罗庸、叶玉华等学者的科学判定。经过本书两位作者多年的合作研究，

| 图61　敦煌舞谱残卷（BD.10691）

结合古代文献记载与民间舞蹈遗存，可基本上确定现存敦煌舞谱为排演与记录唐人酒宴上自娱与礼仪性的"打令"舞字谱，大致由曲名、词序、字组三部分组成，其中最关键的就是舞蹈节拍的规定（如"慢二急三""慢四急七"）与舞蹈动作（如打、令、皇、送、摇、据、掭等）的提示。笔者与其他一些研究者对这些舞蹈动作进行的释读，将古代舞谱的研究推进了一大步。另外，英藏S.7111号《曲子别仙子》四首词前亦有"慢三急三、慢二急三"的节拍规定，为我们研究唐人酒宴上的打令舞蹈曲、词、舞三者的密切关系提供了弥足珍贵的资料。

出行舞

敦煌壁画里的出行舞以莫高窟晚唐归义军时期第156窟的《张议潮出行图》与《宋国夫人出行图》中的舞乐场面为代表。这两幅特殊的供养人壁画由于主题系颂扬敦煌归义军政权的创始人，其描绘的出行场景自然非同一般，真实地再现了当时河西地区权贵豪门出行巡游载歌载舞

| 图 62 《张议潮出行图》中的乐舞形象（莫高窟第 156 窟）

的盛况。这两幅壁画的共同特点是作为中心人物的张议潮及其夫人宋氏形象高大、出行队伍也庞大而气派：前者马队逶迤，旌旗猎猎，气宇轩昂；后者车轿整齐，服饰鲜丽，雍容华贵。两支队伍里均有乐舞伎人，前者以吹铜鼓大角的骑兵为先导，乐队演奏大鼓、腰鼓、鸡娄鼓和箜篌、笙、琵琶、筚篥、横笛；后者以百戏戴竿为先导，乐队演奏腰鼓、横笛、琵琶、箫、笙等。二者各有风采，既宣扬文治武功，又渲染歌舞升平。

《张议潮出行图》中的八人舞蹈（图62）为四男四女，成双行队舞。男子穿汉装，戴幞头；女子着吐蕃装，束双髻，裹彩巾，均斜张双臂，甩长袖相向而舞。舞者顿足挥臂而舞的矫健姿态，与今天藏族舞蹈的行进舞姿很像，有的研究者则认为颇接近藏族传统的"跳锅庄"，舞者边唱边舞，甩袖踏足，动作奔放有力。

《宋国夫人出行图》（图63~64）中的四位舞伎分站四方，相对而

| 图63　《宋国夫人出行图》中的乐舞形象（莫高窟第156窟）

舞，均高髻云鬟，穿裙襦，肩披长巾，脚着云头鞋，挥动长袖，翩翩起舞，既有中原长袖舞风格，又透藏族"弦子舞"的风韵。相传"弦子"是唐代文成公主入藏时带到藏区的，后融入了藏族民间舞蹈顿足张臂的特点，成为典雅、舒缓、优美的风格鲜明的民族舞蹈，正是民族文化交

| 图 64　《宋国夫人出行图》中的乐舞形象（莫高窟第 156 窟摹本）

流的结晶。舞者右侧站立着八人乐队，分别以笙、横笛、琵琶、方响、钹等乐器伴奏，增添了欢乐的气氛。

祭祀舞与兽舞

"歌舞散灵衣，荒哉旧风俗"（杜甫《南池》）。在我国民间的祭祀活动中，迎神、送神仪式中的乐舞是必不可少的。祭祀乐舞是中国古代各民族共有的普遍的乐舞形式，既因地域、民族、宗教、时代的不同而各呈风貌，又在长期的文化交汇里形成了一些共同的特征，并渗透到其他的民族民间舞蹈种类中去。例如佩带假面的傩舞，扮演动物形态的兽舞，手持法器、祭物（金刚杵、花、绳、杯盘等）的菩萨乐舞形象等。因此，我们在敦煌壁画里虽然一般不易指出特征明显的祭祀舞蹈，却仍然可以找到它们异彩纷呈的各类形象。诚如王维的诗所云："女巫进，纷屡舞。"（《迎神》）"纷进舞兮堂前"，"神之驾兮俨欲旋"（《送神》）。

莫高窟第 12 窟北壁晚唐时期的壁画里，有一位头戴簪花，身着唐服，手抱琵琶，随乐起舞的女巫形象（图 65）。她怀抱曲项琵琶，歌舞娱神，为人治病消灾。女巫面对神坛，面部丰腴，虽然现在因色彩的褪落已看不清她的面部表情，但那张开的樱桃小口告诉我们她正唱着动听的歌曲；她上身斜倾，长裙曳地，右脚在裙内微微后抬，体态婀娜，舞姿优美。画的右下部有病人及侍者。当然在有的菩萨供养图里，我们也

| 图 65　巫舞形象（莫高窟第 12 窟北壁）

｜图 66　手捧海螺的菩萨（榆林窟第 20 窟东壁）

可寻见供品与法器、祭物合而为一的图像。如榆林窟第 20 窟东壁就有一幅手捧海螺被称作南无甘露供养菩萨的画面：头戴花冠的菩萨左腿单跪于莲花座上，双臂前伸，肘略下沉，左手平摊捧海螺，右手伸食指与中指，手姿优美，似另有寓意（图 66）。也有的研究者认为这些手势的佛教含义更为突出，似与舞蹈关系不大。

　　兽舞形象源远流长，大概最初和远古时期及游牧民族的狩猎活动有关，后来发展为祭祀活动的内容，再逐渐演变为独立的舞蹈门类。到隋唐时期，在元宵灯节，不仅有热闹非凡的观赏各色花灯活动，也伴随演出各类百戏杂技与乐舞，其中戴兽面、仿百兽形态的兽舞也很得群众喜爱。唐诗人薛道衡在《和许给事善心戏场转韵诗》里曾形象地描写了这种兽舞表演："抑扬百兽舞，盘跚五禽戏。狻猊弄斑足，巨象垂长鼻。青羊跪复跳，白马回旋骑。……麋鹿下腾倚，猴猿或蹲跂。"我们除了在莫高窟的一些经变画场面中，可以看到许多人首鸟身的迦陵频伽乐舞形象外，也可找到民间兽舞的图像。例如莫高窟第 465 窟北壁有一幅舞图（图 67），舞者猴面人身，全身赤裸，左腿屈蹲以左脚全掌着地，右腿侧抬并翻脚掌，左臂屈肘抬至胸前，手中似抓取一物，右臂屈举做虚拳之状。该窟壁画为元代所绘，保留着许多精彩的舞姿图，有的舞者手中持有铃、杵之类法器，研究者认为这些风格特异的舞图属于金刚乘藏密画派，舞蹈形象则使人联想起元代

| 图 67　猴面人身舞形象（莫高窟第 465 窟北壁）

著名的《十六天魔舞》。虽然也是宗教宣传画，但同样洋溢着浓厚的生活气息，是民族民间舞蹈的奇葩。论者常津津乐道的莫高窟第148窟的"六臂飞天"，一飞天乐伎分别持琵琶、金铃、横笛、铜钹演奏飞舞，虽为画匠的想象夸张，同样也应是实际乐舞场景的浓缩与提炼（图68）。

自公元初起，狮子作为礼物和贡品通过丝绸之路从西亚、中亚各国传入我国西域与中原地区，而舞狮子这种民间舞蹈活动也开始在我国各地流行。前引薛道衡诗里的"狻猊"即是狮子的别称。有的研究者指出：起初可能是胡人舞真狮子，后来由人"代面"（假面）扮演狮子舞蹈娱乐，并逐渐风行中原大地。从唐代文献开始，就记载有各种狮子舞在我国民间或宫廷流行，如来自龟兹的《五方狮子舞》，属于宫廷乐部的"西凉伎"；此外，还有《黄狮子舞》《九狮子弄白马》等，都应是狮子舞的各种形式。大诗人白居易的《西凉伎》诗中，就具体而生动地描绘了胡人假面舞狮的场景："西凉伎，假面胡人假狮子。刻木为头丝作

| 图68　六臂飞天（莫高窟第148窟摹本）

尾，金镀眼睛银贴齿。奋迅毛衣摆双耳，如从流沙来万里。紫髯深目两胡儿，鼓舞跳梁前致辞。……狮子回头向西望，哀吼一声观者悲。贞元边将爱此曲，醉坐笑看看不足。"在考古发现的一些文物上，常有以跳胡旋舞或胡腾舞者与胡人骑真狮子为装饰图案，如刻于唐开元九年（721）的唐兴福寺碑的碑侧图案就是典型的例证（图69），说明该舞确实是丝路乐舞交融的成果。（参见尚永琪著《莲花上的狮子——内陆欧亚的物种、图像与传说》，商务印书馆，2014 年 5 月，第 102—109 页）

| 图 69 《唐兴福寺碑》碑侧骑狮人与胡腾舞伎图案

剑器舞

　　剑既是我国古代运用历史悠久的传统兵器，也是中国武术与舞蹈的最习见的用具。先秦典籍中记载了子路戎装见孔子并拔剑起舞的故事。著名的纪传体史书《史记》中"项庄舞剑，意在沛公"的故事成为后世家喻户晓的典故。如果说子路和项庄的舞剑还是中原地区一种半武术、半舞蹈的即兴发挥的话，至迟到了隋唐之际，剑舞已经汲取了西北游牧民族的文化营养，成为"健舞"系统中不可或缺的、有特定程式的表演性舞蹈。唐代大诗人杜甫曾在晚年写下《观公孙大娘弟子舞剑器行》一诗，回忆起他少年时代在郾城观看公孙氏舞《剑器浑脱》的情景："昔有佳人公孙氏，一舞剑器动四方。观者如山色沮丧，天地为之久低昂。"诗中称赞"妙舞此曲神扬扬"，"先帝侍女八千人，公孙剑器初第一"，也感慨安史之乱后"梨园子弟散如烟"，"玳筵急管曲复终，乐极哀来月东出"。据《明皇杂录》记载：公孙大娘善舞各种套路的剑器，如《西河剑器》《剑器浑脱》《裴将军满堂势》等。裴将军即当时的舞剑高手裴旻，因特善舞剑，与"书圣"张旭、"画圣"吴道子一起被誉为"唐人三绝"。公孙大娘所舞，亦当汲取了裴将军剑舞之精粹。另一位大诗人李白也留下了不少描述剑舞的动人诗句，如"三杯拂剑舞秋月，忽然高咏涕泗涟"（《玉壶吟》）。"起舞莲花剑，行歌明月弓"（《送梁公昌从信安北征》）。对剑舞与乐曲及酒的关系，著名的边塞诗人岑参的名作《酒泉太守席上醉后作》有更集中的描述："酒泉太守能剑舞，高堂置酒夜击鼓。胡笳一曲断人肠，座上相看泪如雨。"敦煌藏经洞所出写卷里就发现了岑参此诗的唐代写本。舞蹈史研究者曾经就古代的"剑器"是舞双剑还是雄装空手或持彩球而舞，进行过讨论。上述诗歌可以作为文献的证据，而我们从莫高窟的壁画里似乎也可以找到一点剑舞图像上的例证。

　　莫高窟第154窟东壁有一幅盛唐时期所绘《金刚经·忍辱波罗密品》中生活气息浓郁的画面：画中三人均着当时的文人服装，一人盘腿端坐于床榻之上，手捧经卷念诵；床榻右后方一人做骑马蹲裆的弓箭步，右手执竹剑而舞；床前另一人亦做弓箭步，做挥拳击掌状。床上的诵经者却毫不理会，依然诵经不止。研究者认为这个场景真实反映了当时流行的剑舞和武术相映成趣的豪健姿态，栩栩如生，有很强的视觉效果。此外，前些年王克芬研究员又在榆林窟第3窟南壁西夏时期的菩萨伎乐图（图70）里新发现了剑舞图像。

图70　剑舞画面（榆林窟第3窟南壁）

图中三身伎乐菩萨均单足脚尖着地持舞具而舞，自东向西依次为腰鼓舞、剑舞和拍板舞。跳剑舞者右手持剑，侧身回眸，做腾越之状，姿态夸张、豪放，具有鲜明的西域风格。无独有偶，榆林窟第25窟的《未生怨》图中有一"追杀"画面，持剑相追者的出剑动作亦和剑舞的姿态有异曲同工之妙，可证此舞也是从实际生活中提炼而成。

　　莫高窟藏经洞所出文学写卷中还有题名为《剑器词》的作品（编号S.6537），其中一首写道："排备白旗舞，先自有由来。合如花焰秀，散若电光开。喊声天地裂，腾踏山岳摧。剑器呈多少，浑脱向前来。"既可证明剑器舞在表演时有曲词的配合，也说明它和印度及西域传来的"浑脱"（苏幕遮）常常是穿插或融合在一起演出的，而且反映了这种舞蹈在敦煌绿洲的流行。

胡舞动心弦

——特色鲜明的民族舞蹈

西部少数民族乐舞沿着丝路传入中原地区，早在汉武帝凿空西域时就开始了。之后，随着商旅与使团的络绎不绝，汉晋时期，西域、中亚、西亚乃至欧洲的物产与乐舞品种更是源源不断地传入内地。如在东汉灵帝时代（168—189），西域乐舞等曾在内地盛行风靡，据《后汉书·五行志》记载："灵帝好胡服、胡帐、胡床、胡坐、胡饭、胡箜篌、胡笛、胡舞，京都贵戚皆竟为之。"丝绸之路上的中外各民族之间的文化交流，在唐朝达到极盛的状态。京畿地区的长安、洛阳，丝路重镇的敦煌，不仅人员交往十分频繁、经济贸易空前繁荣，而且成为文化交融特征明显的国际都会城市。处于丝路中道"特善歌舞"的龟兹地区,也积极地扩充着它的乐舞影响力,让人们耳目一新。在文化交融上,最为当时人及后人津津乐道的便是体现在时尚、乐舞上的浓郁"胡气"。开元、天宝时期,体现大唐景象的"胡风唐韵",更是充斥着宫廷民间,弥漫在都市边陲。著名文人元稹有几句诗形象地写出了当时这种风气之盛:"女为胡妇学胡妆,伎进胡音务胡乐。""胡音胡骑与胡妆,五十年来竞纷泊。"(《和李校书新题乐府十二首·法曲》)在唐代敦煌这个各民族聚居的移民社会大舞台上,同样活跃着各色民族乐舞,而它们精彩纷呈的场面也必然反映到石窟壁画中来。

胡旋舞

　　"胡旋"是唐代最为盛行的一种民族舞蹈,据史籍记载因西域康居国献胡旋女而传入中原。《旧唐书·音乐志》记载:宫廷燕乐九部、十部中的"康国乐,工人皂丝布头巾,绯丝布袍,锦领。舞二人,绯袄,锦领袖,绿绫浑裆袴,赤皮靴,白袴帑。舞急转如风,俗谓之胡旋。乐用笛二,正鼓一,和鼓一,铜钹一"。其实,康国属于"昭武九姓",原居地在河西走廊南侧的祁连山,后迁徙中亚,所以"胡旋"很可能是河西绿洲地区少数民族民间舞蹈融会了中亚乐舞而形成的。该舞最显著的特点是左旋右转,急速如风。因为唐玄宗时期的宠臣安禄山与爱妃杨玉环均擅长跳"胡旋"(《旧唐书·安禄山传》说安"晚年益肥壮,腹垂过膝,重三百三十斤,每行以肩膊左右抬挽其身,方能移步。至玄宗前,作胡旋舞,疾如风焉"),所以在当时最为畅行。白居易、元稹等都有题为《胡旋女》的诗篇传诵于世,尽管他们写此诗的本意是讽喻明皇喜好声色误国,导致了安史之乱,但诗中对"胡旋"的描述则为我们今天研究这种舞蹈提供了珍贵的资料。如白诗云:"胡旋女,胡旋女,心应弦,手应鼓。弦鼓一声双袖举,回雪飘飖转蓬舞。左旋右旋不知疲,千匝万周无已时。人间物类无可比,奔车轮缓旋风迟。"元诗云:"胡旋

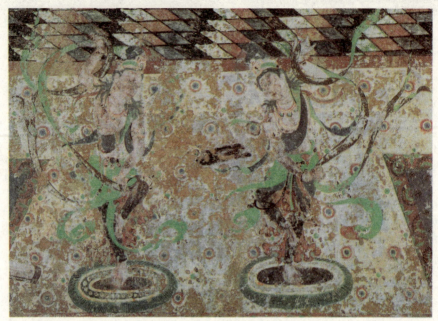

| 图 71　双舞图（莫高窟第 220 窟）

之容我能传：蓬断霜根羊角疾，竿戴朱盘火轮炫。骊珠进珥逐飞星，虹
晕轻巾掣流电。潜鲸暗噏笡波海，回风乱舞当空霰。万过其谁辨终始，
四座安能分背面？"令人欣喜的是，我们不仅在新疆龟兹石窟壁画里看
到了胡旋的形象，在敦煌莫高窟的经变画中又看到了较诗句更为丰富、
生动的胡旋舞图像。

　　在莫高窟第 220 窟盛唐时期所绘的大幅经变画中，既有动作相对缓
慢的双人舞（可看作是胡旋的起始形象），又有特征明显的急速胡旋图。
其南壁经变图下端中间，有两位身着裙衫的舞伎正侧向对舞，二人均做
"吸腿"之姿单足站立于小圆毯上，双臂一上一下，挥动彩巾，十分对
称。从飘带飞扬的动势及腿部姿势，可以想见正在做急速旋转前的准备
动作（图 71）。其北壁《药师经变》图下端，则绘有场面辉煌的胡旋舞
图（图 72~74）——四位舞伎，分成两组，都足踏小圆花毯翩翩起舞。

左（西）边一对舞伎头梳武髻（或戴头盔，因画面有损难以确认），上身穿网格背心的紧身短装，下身着波浪形下摆的长裙，肩披绕背长巾，背向而舞；一腿后勾，脚掌翻上，踏毯一足的脚跟着力；一手抓巾用力上伸，一手握巾侧垂做"提襟"之姿。仿佛是古典戏剧里武将在急速舞动之后猛地立停准备做"亮相"的动作，透出一股英武之气。右（东）边一对舞伎则梳多根发辫（似今维吾尔族姑娘），戴山形冠，上身着薄透绸衫，下身着白色曳地长裙，亦背向而舞；两臂平举，双足着毯，从舞巾的抛洒飞动之势，可以想见她们正在做急速的旋转，不禁让我们想起了元、白等诗人对胡旋女舞姿的描写，也印证了《新唐书·音乐志》中说"胡旋舞，舞者立球（毯）上，旋转如风"的记载。无论是武扮还

| 图 72　胡旋舞图之一（莫高窟第 220 窟）

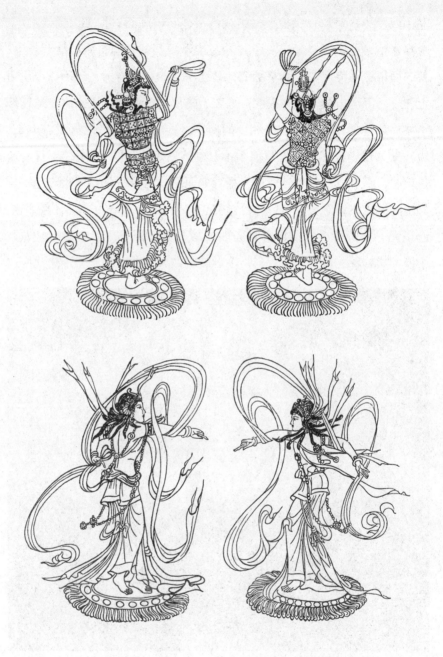

｜图 73　胡旋舞图之二（莫高窟第 220 窟摹本）

| 图 74　胡旋舞图之三（莫高窟第 220 窟摹本）

是红妆，都说明这个舞蹈属于"健舞"一类。这与唐人段安节《乐府杂录》中"舞有骨鹿舞、胡旋舞，俱于一小圆毯子上舞，纵横腾踏，两足终不离于毯子上"的记载相契合。［见《中国古典戏曲论著集成》（一），中国戏剧出版社，1980 年，第 49—50 页］舞者脚下圆毯上有清晰的联珠纹样，中心则是两头姿态可爱的小鹿，这就说明此毯确系中亚风格之织品，地域特色鲜明，不仅可作为胡旋舞、骨鹿舞从昭武九姓之康国等地传来之佐证（亦可据此推测"骨鹿"似为"胡旋"之别称），也为我们研究丝路上丝毛织品的交流提供了生动形象之图像资料。另外，这幅胡旋舞图还有两处值得关注：其一，伴奏乐队规模较大，两侧各有十三人的庞大乐队，管弦、鼓乐几乎一应俱全。《新唐书·音乐志》上讲"康国伎，有正鼓、和鼓，皆一；笛、铜钹，皆二。舞者二人"，而"龟兹伎，有弹筝、竖箜篌、琵琶、五弦、横笛、笙、箫、觱篥、答

腊鼓、毛员鼓、都昙鼓，侯提鼓、鸡娄鼓、腰鼓、齐鼓、檐鼓、贝，皆
一；铜钹二。舞者四人"（总计十九人）。而壁画中的伴奏乐器更接近
于后者，可见胡旋自中亚康国传入中原后，又折回河西绿洲地区，自然
又融合了传播途中"特善诸国"的龟兹乐舞。其二，舞场中央摆有五层
灯台，舞者两侧又各置三层灯树，既造成了光芒耀眼的热烈气氛，又有
照明的实际功用，两侧还各有两位添灯火的菩萨，也类似人间舞台上的
负责灯光、场地的服务人员。如此盛大的乐舞场面，恐怕正是唐朝宫廷
胡旋舞的特色。因为胡旋的主要特色旋转如风常常用飞动的巾帛表示，
所以在前述敦煌壁画中的巾舞形象中，应该还能找到胡旋女的身影。胡
旋舞到了宋代，应该仍然活跃在宫廷、民间，而且有了新的发展变化，
如宋代词人贺铸的《换追风》词里就有这样的句子："掌上香罗六寸
弓，雍容胡旋一盘中。"只是这种"掌上"、"盘中"的"追风胡旋"，
究竟是什么样子的，今天已经难知其详了。但是，今天新疆地区的民族
舞蹈中，依然可以看到飞速旋转的"胡旋"身影。

胡腾舞

　　"胡腾"亦是唐代时自中亚昭武九姓的石国（今塔什干一带）传入内地的民族舞蹈。此舞以左右跳跃腾踏为特征故名，舞者多为男子。《全唐诗》中现存明确描述"胡腾舞"的诗歌有四首，其中两首对该舞舞者服饰、动作、气氛等的描写最为详细生动，不妨照录全诗如下：

　　石国胡儿人见少，蹲舞尊前急如鸟。织成蕃帽虚顶尖，细氎胡衫双袖小。手中抛下葡萄盏，西顾忽思乡路远。跳身转毂宝带鸣，弄脚缤纷锦靴软。四座无言皆瞪目，横笛琵琶遍头促。乱腾新毯雪朱毛，傍拂轻花下红烛。酒阑舞罢丝管绝，木槿花西见残月。（刘言史《王中臣宅夜观舞胡腾》）

　　胡腾身是西凉儿，肌肤如玉鼻如锥。桐布轻衫前后卷，葡萄长带一边垂。帐前跪作本音语，拾襟搅袖为君舞。安西旧牧收泪看，洛下词人抄曲与。扬眉动目踏花毡，红汗交流珠帽偏。醉却东倾又西倒，双靴柔弱满灯前。环行急蹴皆应节，反手叉腰如却月。丝桐忽奏一曲终，呜呜画角城头发。胡腾儿，胡腾儿，故乡路断知不知？（李端《胡腾儿》）

| 图 75　背身而舞的伎人（莫高窟第 98 窟北壁）

　　可见该舞蹈程式中有急速蹲跳、环行腾踏、扬眉动目、反手叉腰等主要特征。根据这些特征，虽然我们在敦煌壁画中还没有寻见胡腾特征特别明显的舞伎图像，却也可以找到他们在佛教经变画中的踪影。例如莫高窟第 98 窟北壁、第 61 窟北壁有两位背身而舞的伎人（图 75~76），从面部特征与身材比例来看，似带有明显的阳刚之气，身体居于舞毯边缘，似正持巾带做腾踏环行的动作，这是五代时期所绘。再早一点，如莫高窟第 286 窟南壁中唐时所绘舞伎（图 77），正在花毯边做腾踏动

| 图 76　背身而舞的伎人（莫高窟第 61 窟北壁）

｜图 77　舞伎（莫高窟第 286 窟南壁）

作，呈宝带飞卷、落英缤纷之势，
虽然因是佛画未着蕃帽锦靴，上
身所穿的束袖布衫则和其他舞伎
不同。时代晚些的，如莫高窟第
308 窟前室西壁和榆林窟第 3 窟南
壁西夏时期所绘的两位舞者，都
体形健壮，在花毯上做东倾西侧
的腾踏动作（图 78~79）。这表明
当年画工在绘制佛教图像时，既
揉进了现实生活中胡腾舞的姿态，
也根据礼佛的审美需要做了适当
的改变。

| 图 78　舞者（莫高窟第 308 窟前室
西壁摹本）

| 图 79　舞者（榆林窟第 3 窟南壁摹本）

柘枝舞

"柘枝"也是从中亚石国传来的民族舞蹈，据《全唐诗》中的佚名《柘枝词》的序语讲，柘枝可分为健舞（羽调柘枝）和软舞（商调柘枝）两类，一般是"用二女童，帽施金铃，抃转有声"，系双人对舞，到宋代发展成多人的队舞，居中间者称"花心"。服饰上也有变化，从头戴

| 图 80　乐舞画面（西千佛洞第 15 窟北壁中央）

卷檐尖帽或绣花镶珠帽改为凤冠。唐人描写柘枝舞的诗歌甚多（仅大诗人白居易就有五首），从中亦可见其舞容、舞姿及舞服。写得最具体的是章孝标的《柘枝》：

柘枝初出鼓声招，花钿罗衫耸细腰。移步锦靴空绰约，迎风绣帽动飘飘。亚身踏节鸾形转，背面羞人凤影娇。只恐相公看未足，便随风雨上青霄。

我们从唐诗中可知柘枝舞最重要的伴奏乐器是鼓，无论是大鼓、羯鼓，还是画鼓、蛮鼓，可统称"柘枝鼓"，其服饰最显眼的则是带金铃的绣帽、罗衫。我们在敦煌壁画里似乎还没有寻到特征明显的柘枝舞

| 图81　莲花上的柘枝舞（莫高窟第320窟南壁）

蹈图像，却同样可以在前面所介绍的双人巾舞、鼓舞及后面要介绍的莲花童子舞等形象中依稀看见它的影子。如敦煌西千佛洞第15窟北壁中央的乐舞画面（图80），舞者击鼓腾踏的动作十分明显，似兼有胡腾、柘枝二舞的特征。又如前面所引的"用二女童，帽施金铃，抃转有声"，成为晚唐至宋初流行的"屈柘枝"舞的主要特征，而这个舞蹈的主要场景、道具为莲池、荷花，在敦煌经变画中也多有出现。如莫高窟第320窟南壁经变图中在莲花上的舞者，就有研究者认为也应该是柘枝舞的形象（图81）。

"惊破霓裳羽衣曲"

　　《霓裳羽衣》是盛唐开元天宝年间最著名的乐舞。此舞来源，有不少传说，都与那位精于音律的风流天子唐玄宗李隆基有关，如本书第一章第二节所引唐人小说里的故事。后来人们将传说与史实结合起来加以落实，如王建《霓裳辞》的诗注中说："罗公远多秘术，尝与明皇至月宫，仙女数百，皆素练霓衣，舞于广庭，问其曲，曰'霓裳羽衣'。帝晓音律，因默记其音调。及归，但记其半。会西凉府节度杨敬述进婆罗门曲，声调相符，遂以月中所闻为散序，敬述所进为曲，而名'霓裳羽衣'。"史载此曲有十二遍之多。可见《霓裳羽衣》是融合了中原与西域舞乐，经唐玄宗亲自改制的大型法曲乐舞，用白居易《法曲歌》中的诗句来概括，就是"法曲舞霓裳"、"法曲合夷歌"。它的舞蹈特点，应该是在融会华夷之曲的大型乐队的伴奏下，人数众多的舞伎身着鲜丽缤纷的霓裳（"羽衣"则是强调其仙人身份，可有象征性的"翅膀"，但并非一定是插上羽毛），翩翩起舞。据说杨贵妃及其侍儿张云容等表演过独舞、双人舞的《霓裳羽衣》，恐怕只是特例而已。另外，据《新唐书·礼乐志》说："凡曲终必遽，唯《霓裳羽衣》将毕，引声益缓。"这种尾声缓长的大型舞曲，正好符合了颂扬歌舞升平盛世的需要。

　　既然如此，那么为什么舞蹈史研究专家至今未在敦煌壁画中找出明确为《霓裳羽衣》舞的图像来呢？对此，有两种并不成熟的推测。其一，天宝后期爆发安史之乱，唐王朝自此走向衰落，许多人归咎于唐明皇的喜好声色，归咎于杨玉环的"红颜祸水"，乃至归咎于"胡夷之声乱华"，所谓"渔阳鼙鼓动地来，惊破霓裳羽衣曲"（白居易《长恨歌》），于是胡旋、霓裳等舞蹈也受到牵连而逐渐衰微。这样，它们便不易在壁画中得到表现。其二，《霓裳羽衣》与别的舞蹈不同，场面宏伟辉煌，文宗时期的《霓裳羽衣》舞更是舞者成群，乐队庞大，很难在壁画中描绘出来；而传说中又与道士、仙乐有关，也难以在佛画中表现。其实，我们认为第一种推测虽有一定道理，却不尽然，因为一直到唐文宗、宣宗时期，该舞蹈还是因皇帝的青睐而不断在宫廷宴乐中表演，所以白居易的《霓裳羽衣歌》云："我昔元和侍宪皇，曾陪内宴宴昭阳。千歌百舞不可数，就中最爱霓裳舞。"第二种推测应该比较合符实际。即便如此，在数以百计的唐代舞蹈图像中，尤其是在敦煌舞伎色彩斑斓的服饰上，我们还是处处可以看到宫廷霓裳的吉光片羽。例如莫高窟第12窟南壁所绘晚唐时期的独舞舞伎，不仅服饰华丽，而且衣裙间露出翼状装饰（图82）；又如第205窟所绘两位正侧相对、缓步慢舞的舞伎（见前图22），画面经临摹者细心描绘复原，色彩十分鲜丽夺目。这些都使我们想到了霓裳羽衣的丰采。由于许多壁画图像色彩经千年的剥蚀氧化变得较难确认，以往的舞蹈研究者对敦煌壁画舞伎形象服饰不便做细致入微的分析，漏失了一些珍贵的信息。现在，有的研究者已经开始弥补这方面的缺失，从纺织技术及服装设计等角度致力于敦煌舞伎服饰的复原研究。这也是我们为什么要在本书列上这一节并专门附录贾一亮研究论文的原因。

| 图 82 晚唐时期的独舞舞伎（莫高窟第 12 窟南壁）

稚气伴欢颜
——生动活泼的童子舞姿

　　"化生"为佛教中"四生"（胎生、卵生、湿生、化生）之一，即"莲花（华）生"，因化生者均做童稚形象，故称"化生童子"。佛教经变画中的化生童子往往做嬉戏舞蹈的姿态或手持各种乐器，研究者即取名为"化生乐伎"并列入舞蹈形象的研究范围之内。当然，敦煌壁画里的童子舞蹈并不只限于莲花童子，在百戏杂技与嬉戏图中也不乏他们天真可爱的身影，成为我们今天研究佛教图像和古代实际生活的生动资料。

莲花童子舞

莲花童子在壁画里主要描绘在经变画的莲花上或莲池中，也有画在装饰佛龛两侧的莲纹图案上的。这些童子或赤裸全身，或只戴肚兜，或兼有肚兜、短裤，一个个憨态可掬，动作稚朴，不禁让人们联想起唐代花蕊夫人《宫词》中的诗句："旋折荷花伴歌舞，夕阳斜照满衣红。"

莫高窟第 329 窟佛龛左右侧各饰有竖形莲花纹图案（图83），图中童子均单腿立足踏于莲花之上，另一腿做或踢、或抬、或踏、或扬的各种动作。他们圆胖敦实的体态，有的系围嘴，有的戴肚兜，双手举莲花、托莲苞、抚莲

图 83　佛龛左右侧竖形莲花纹图案上的童子舞（莫高窟第329窟）

图84 莲池舞童画面（莫高窟第14窟南壁）

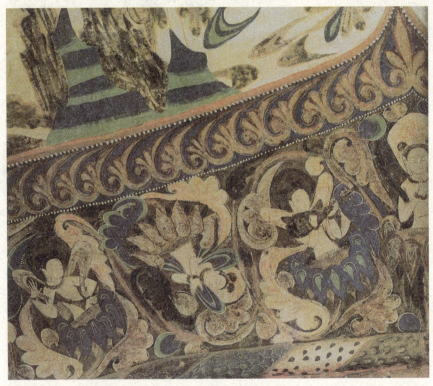

图85 龛楣上化生童子伎乐（莫高窟第285窟西壁）

蕾，既活泼可爱，又具舞蹈之美。
莫高窟第14窟南壁晚唐时代的如
意轮观音图中有莲池舞童画面
（图84），左右二童子分立池中，
臂挽巾带，戴项圈、臂环、腕镯，
着肚兜、短裤，扬首蹬弓步，一
手托掌，一手叉腰，摆出造型舞
姿，与碧池中的荷花相映成趣。
莫高窟第285窟西壁龛楣上有绘
于西魏时期的一组化生童子伎乐
（图85），均总角裸体，立于莲花
之中，或吹奏乐器，或合掌拜舞，
姿态优雅，使我们看到了早期的
童子舞蹈形态。

　　榆林窟第15窟南、北两壁所
绘的莲花童子则是宋代的作品
（图86~87），这些童子均赤裸全
身，单足立莲花上做各种舞蹈动
作，或手持莲花、花蕾，或握拳
扬手，显示童子武功。但虽童趣
天真，姿态不免呆板，也说明了
宋代敦煌壁画在技法上的呆滞。
当然，莫高窟第400窟的壁画中
也有莲花童子伎乐，形象就生动
一些。可以与此做对比的是榆林

| 图86　莲花童子形象之一（榆林窟
第15窟）

| 图87　莲花童子形象之二（榆林窟
第15窟）

| 图 88　榆林窟第 25 窟莲花童子

| 图 89　经变画中莲花童子飞天（莫高窟第 172 窟）

窟第 25 窟南壁西侧经变画里有几对赤身裸体的莲花童子嬉水画面，其中有一对童子，一人跪坐于荷叶之上，右手下指；另一人在水中站立，双手摆弄荷叶。另一对童子则在池中嬉戏，一人正倒栽在水中做翻滚动作，臀部朝上；另一人左足站水中，右腿抬起，双臂上举合掌，使人们联想起花毯之上舞伎的优美姿态（图 88）。25 窟的经变画绘于唐代，在人物的描绘上显然要比 15 窟的宋代画作生动活泼得多。又，莫高窟第 172 窟有一身从莲池中跃出冲天而舞的童子，也给观者留下了深刻的印象（图 89）。

榆林窟第 12 窟前室西壁"梵天帝释赴会图"中的"云端莲花童子乐舞"画面（图 90）颇为特别：在一朵飘飞天际的祥云上，有三个天真可爱的童子乐伎。两个仅着肚兜、腰裙跪坐于莲花之中，左侧一位吹筚篥，右侧者打拍板；另一位着长袖大翻领衫、短裙，单足站立于莲花之上扬袖而舞，其舞姿使我们想起了汉代风行的"袖舞"。最有意思的是三位童子的额头上均贴有翼状饰物，不知其有何用途或含义。这幅展示佛天情景的图画却充满了世俗的生活情趣。

| 图 90 云端莲花童子乐舞画面（榆林窟第 12 窟前室西壁摹本）

百戏童子舞

　　自汉代以来"童子杂耍"就是"角抵百戏"里的重要内容，是融会乐舞杂技的综合性表演项目。敦煌壁画中的百戏童子舞蹈，虽然出现在经变画中，也显然是民间或宫廷歌舞百戏的反映。莫高窟第 361 窟南壁的乐舞场面中即在中央舞毯边缘描绘了六个生动活泼的百戏舞童（图91）：中间两童子，一人反身下腰，另一人单足站立于反身者腹上，另一足及双手要盘；两侧各有两人做倒立、扬手等舞蹈动作。虽然细节因画面的褪色已经辨认不清，人物的轮廓姿态仍旧栩栩如生，留给我们充分的想象空间。

| 图 91　乐舞场面的百戏舞童（莫高窟第 361 窟南壁摹本）

火宅童子舞

敦煌经变画中根据《法华经》画的"火宅喻"图，宣扬佛教的出世思想，描绘某富人住宅着大火，而"诸子等于火宅内乐著嬉戏，不觉不知，不惊不怖"，身陷大火，仍作乐不止的场景，因而有儿童歌舞的画面。这些舞蹈形象，取材于现实生活，儿童们身着民间服装，跳的也应该是日常生活里的即兴舞蹈。

莫高窟第449窟南壁《法华经变》中有一中唐时期的"火宅童子舞"画面，在用夸张而简洁的手法表现的火宅内，有一群着各色世俗装的小儿正在挥舞长袖，做腾跳、蹲、跪等各种舞姿。笔者简略临摹出其中一位舞童的形象供读者观看（图92）。

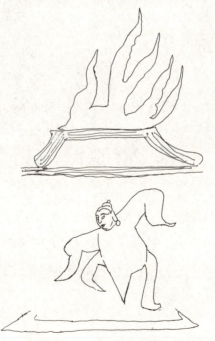

| 图92　《法华经变》中的火宅童子舞画面（莫高窟第449窟南壁摹本）

| 图 93 火宅舞图（莫高窟第 154 窟南壁）

研究者认为这些颇似胡腾舞的动作，与中亚石国少儿善此舞有关。莫高窟第 154 窟南壁也有一幅火宅舞图（图 93），只是舞者系一胡装的青年，正在两乐工的伴奏下踏靴挥长袖而舞，恐怕是画工自己离开佛经原典的即兴创作。

多元荟萃，植根中华
——绿洲乐舞的文化特征

我们从前面各章的简略介绍和分析可以得知，敦煌石窟佛教内容壁画中所表现的各地区、各民族、各时期的舞乐，都带有本地区、本民族以及某个特定历史时期的文化特征。因为任何宗教，都要努力采用当时、当地人民喜闻乐见的方式来传播，争取信徒，所以，也必然采取各地人民的传统艺术为其服务。这就形成了世界各地的佛教艺术，创造了包括佛教舞蹈在内的各自不同风格的佛教文化。

因此，敦煌佛窟中的舞蹈壁画，也是随着时代的变迁，地域及民族传统文化的不同而显示出各自不同的风格与审美特征。早期敦煌舞蹈壁画，无论舞姿或服饰都带有不少印度、尼泊尔风韵，同时又显示出北方游牧民族的强悍精神。随着时间的推移，中原"汉风"慢慢浸润其中。到了中期的隋唐时代，在显示多元舞蹈因素的同时，新的隋唐舞风逐渐形成并占据重要地位。如隋唐敦煌壁画中的飞天、伎乐天，都身披肩绕长长的巾带，长巾成了飞天翱翔云间的翅膀，形成了变化万千的美妙舞姿，千百年来，令世人赞叹不已。中原传统的继承和发展，北方和西域、南亚乐舞内容与风格的传入和影响，不断孕育出创新的因素，逐渐形成了多元荟萃兼容的文化特征。

汉风胡韵，源远流长

　　我国中原地区的乐舞，本来就有其悠久的历史文化渊源。例如前面介绍的唐代丰富多彩的巾舞，就可以追溯到三千多年前。早在公元前11世纪立国的周代，在其创立的"雅乐（舞）"体系中，就有教育国子（贵族子弟）的《六小舞》。《六小舞》中的《帗舞》执五彩缯而舞，这大概是古巾舞、今长绸舞的源头。据《隋书·音乐志》记载："始开皇初定令，置'七部乐'……其后牛弘请存鞞、铎、巾、拂四舞……因称：'四舞'按汉魏以来，并施于宴飨。"（中华书局1973年版，第二册，377页）可见在公元前3世纪初至公元3世纪的汉魏时代，巾舞已正式用于宴飨。留存至今的汉代画像石中，更有大量巾舞的生动画面。如四川杨子山汉墓出土的一块百戏画像砖（图94），一女舞者头

| 图94　四川杨子山汉墓出土的汉百戏画像砖拓本

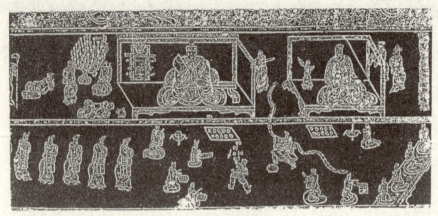

图 95　山东安丘汉墓出土的汉巾舞百戏画像砖拓本

梳双髻，身穿短衣及镶边长裤，双手舞长巾，横飘空中。手握的一端，明显包有短棍，这样舞起来既省力，又便于舞出一些难度较大的绸花。女舞者身后，有一蹲步而行，形象滑稽的男舞者，似在追逐舞巾女子。另一幅山东安丘汉墓出土的男子舞巾画像（图95），舞姿豪健洒脱，舞者脚踏一鼓，双臂飞舞菱纹长巾，甩展两侧。从巾与人身高的比例看，约有两丈长，长绸舞起来在空际萦绕卷扬，变幻莫测，如风卷流云，似炊烟袅袅。也许正是由于这种视觉效果，启示了莫高窟的画工们也给神佛世界的舞蹈之神，披上了长长的绸带，轻盈飘逸，美丽多姿。这是佛教艺术在中国传播过程中，中国艺术家的独特创造。而这一创造的灵感，很可能来自生活中源远流长的巾舞。时至今日，中国舞蹈家们已运用这种独特的舞蹈形式，创作出了《飞天》《红绸舞》等舞蹈，戏曲《天女散花》等，并在国际比赛中获奖。

又如敦煌舞蹈壁画中，常常出现类似"顺风旗"、"提襟"、"端腿"、"托掌"、"按掌"等舞姿，这些舞蹈造型，也应该是在中原地区漫长的舞蹈实践的过程中创作并固定成型的。它们既在汉代画像砖上频繁出现，又仍然是今日古典戏曲舞中的常用动作，均具有浓郁的中华舞风。

另外,壁画里的一些伎乐天舞者,巾带低垂,柔曼温婉,低眉蹲身,亦饱含中原含蓄典雅的汉风。榆林窟19窟出现了甩舞长袖的伎乐天,与一执琵琶舞蹈的舞者对舞。其甩袖而舞的舞姿及头妆的样式均与戏曲舞者相似。它的出现距戏曲兴起的宋代不远,当不是偶然的巧合,应是时代风尚使然。"长袖善舞"历史久远。西周《六小舞》之一的《人舞》,其特点是不执舞具,"以舞袖为容"(见《十三经注疏·周礼注疏》,中华书局,1979年版)。春秋战国时代,诸侯贵族,醉心于歌舞作乐,表演性舞蹈有很大的发展。出土文物中,玉器、漆器出现了许多十分优美生动的舞蹈形象,如河南金村出土的战国玉雕舞女佩饰(图96~97,今藏美国弗利尔博物馆),二舞者着长袖舞衣,细腰长裙,一手做"托掌"姿,飞舞长袖于头上,另一手做"按掌"姿,拂垂长袖于腰侧,相

| 图96 河南金村出土的战国玉雕舞女佩饰(今藏美国弗利尔博物馆)

| 图97 玉雕舞女线描图

图98 战国玉雕断臂舞女

图99 "宴乐渔猎攻战纹壶"上的采桑舞女图

对而舞。另有传世的挽臂玉雕舞人、断一臂玉雕舞人，姿态各异，娟秀华美（图98）。四川成都百花潭出土的战国"宴乐渔猎攻战纹壶"，表现了战国多方面的生活场景。壶颈部分还有一幅采桑图：人们正在采摘桑叶，其中一个正飞卷长袖作舞，体态婀娜秀美（图99）。这正是"桑间濮上"民间歌舞场面的生动写照（图100）。汉代继承了战国楚舞袅袅长袖、细腰欲折的传统，如《西京杂记》载：汉高祖宠姬戚夫人，多才多艺，"善为翘袖折腰之舞"。上有所好，又大加提倡，遂风行于社会。

汉代文人对舞袖美姿的描写也不少，如张衡《观舞赋》有"裙似飞燕，袖如回雪"之叹，傅毅《舞赋》有"罗衣从风，长袖交横"等描画，都是对袖舞的生动描写。从战国经汉唐以至明清两千多年间，描述舞袖的文字，史不绝书。各代出土文物中的舞袖形象，更是层出不穷，从未间断。笔者在法国巴黎塞尔努斯基博物馆的陈列品中，曾

| 图100　四川成都百花潭出土的战国 "宴乐渔猎攻战纹壶" 线描图

| 图 101　东汉舞蹈彩陶俑（今藏巴黎塞尔努斯基博物馆）

看到前些年出土的一对东汉时期的舞蹈彩陶俑（图 101），女俑穿紧身衣，男俑舞长袖，神态生动逼真。戏曲兴起后，吸收融合了历史悠久的舞袖技法，借以表现各种人物的不同思想感情。时至今日，戏曲舞与民间舞中，保存了十分丰富且富于表情的舞袖古法，加强了袖舞的表现力，也提高了袖舞的观赏价值及震撼力。中华民族的舞蹈传统之深厚，历经数千余年，其不绝不灭的顽强生命力，不能不令人惊叹。

敦煌壁画中的各色胡舞，也有其鲜明的文化特征与各自的源流可寻。我国是一个由 56 个民族组成的多元一体的中华民族大家庭，舞蹈传统极为悠久丰厚。例如敦煌舞蹈壁画中多处出现的单手弹指，或双手捧掌弹指，以及移颈动头等舞姿，早在唐人杜佑编著的《通典·乐二》第 142 卷中，就已经生动地描绘了此类胡舞的乐情舞态："胡舞铿锵镗错，洪心骇耳……举止轻飚，或踊或跃，乍动乍息，跷脚弹指，撼头弄目，情发于中，不能自止。"可知远在

| 图 102　唐代胡人戏狮俑（仿制品）

| 图 103　西夏时期壁画中持凤首筌篌伎乐天（莫高窟第 327 窟）

千余年前传入中原的西域（包括今我国新疆等西部地区）舞，已有"跷脚弹指，撼头弄目"富于表情的俏丽舞蹈动作（参见图 102 唐代胡人戏狮俑）。至今，中亚及我国西北少数民族如维吾尔、哈萨克等民间舞中，仍保存了弹指、撼头（移颈动头）等特色舞蹈动作。其他如西夏党项羌人的舞蹈壁画风格独具（图 103），元代蒙古族人的舞蹈壁画矫健奔放，也都是中华民族百花园中不同形态、不同色调的舞蹈之花。在我国许多传世的典籍中，可以找到十分丰富的有关西域和北方各民族乐舞音乐特色、舞蹈程式和乐器及服饰的记载；而留存至今的敦煌壁画中的乐舞形象，更使我们有可能追寻一千多年前西域与印度乐舞在丝绸之路演变的脉络。

佛教舞蹈，风格各异

敦煌壁画所集中展示的佛教舞蹈，是影响深远的宗教文化的重要组成部分。佛教在世界各地传播的同时，各国各族人民创造了各具特色的佛教艺术，其中也包括舞蹈艺术。佛教自从至迟在东汉明帝永平十年（67 年）传入我国后，我国各族人民在各自传统舞蹈文化的基础上，创造了不同风格、不同形式的佛教舞蹈（图 104）。它们深深地扎根在人民群众之中，有的出现在敬佛的祭礼仪式中，有的出现在宗教节日或其他节日的群众游乐场合，娱神、娱人兼

图 104　安阳修定寺砖雕中胡人舞蹈形象（今藏巴黎吉美博物馆）

而有之。中原汉族地区,佛事活动以舞祭祀的风俗,至南北朝及唐代还很盛行,到宋以后舞祭之风渐衰,这与舞蹈发展的总趋势有关,也与科学技术的发展和对神的崇信程度减弱有关。

在我国,地处边疆的少数民族地区,佛教舞蹈一直相当兴盛,传承至今。例如藏族的"羌姆",是一种风格独特、传承千年的佛教舞蹈,大约在公元 7 世纪,由印度尼泊尔传入西藏。大乘佛教与藏族本土宗教——苯教在长期的相互斗争、相互融合中形成了藏传佛教。在西藏第一座佛寺——桑耶寺建成的开光典礼上,天竺高僧莲花生,将藏族土风舞与佛教哲理内容相结合,编成"羌姆"表演。举行了"戴上面具,击鼓跳舞"的仪式,这便是最早的藏族佛教舞蹈《羌姆》。每逢宗教节日,佛寺都要跳《羌姆》。"羌姆"藏语为驱鬼跳神的动作,借以酬神驱邪,守护佛法,祈丰年,求神佑。跳《羌姆》的僧人,都要经过严格的训练。撒拉族舞蹈学硕士古兰丹姆深入考察了青海塔尔寺《羌姆》,并查阅了相关文献,了解到清康熙五十七年(1718 年),七世达赖喇嘛格桑加措曾下令,在塔尔寺建立了"乾巴扎仓"(法舞学院),该学院设在塔尔寺较偏僻的东北角,俗人、女子都不准进入,完全是封闭式的教学。这里训练从事乐舞活动的僧人,也成为排练《羌姆》的场所。在寺院专门设立"法舞学院"来传授《羌姆》,对这种宗教舞蹈的传承与发展起到了非常积极的推动作用(参见图 105 今天的藏族《羌姆》舞形象)。

藏传佛教传到蒙古族地区,《羌姆》也随之传入,但蒙古族不称"羌姆",转用"羌姆"的蒙古语音译为"查玛"。蒙古族传统信奉"萨满教"(原始多神教)。元世祖忽必烈于公元 1271 年建立元朝,大力扶持喇嘛教,封藏僧八思巴为国师,于是,喇嘛教大兴。随着喇嘛教在蒙古草原的传播,《查玛》不断吸收蒙古族原始宗教萨满教"跳神"和其

| 图105　今天的藏族《羌姆》舞形象

他蒙古族舞蹈,形成了具有蒙古族特色的佛教舞蹈——《查玛》。

内蒙古一些寺院也有专门训练跳《查玛》的僧人。这些跳《查玛》的僧人,都是经过挑选,近似舞蹈学校选拔学生一样,看其身体条件以及对舞蹈动作的领悟能力如何等,特别是鹿神的扮演者,要求更高。因为鹿在蒙古族人民心目中是吉祥自由的象征,鹿神的扮演者要表现鹿的敏捷与灵活,跳得高,奔跑快,这就需要有一定的功力,所以要选年轻的僧人加以训练。

《羌姆》与《查玛》的共同特点是:戴面具,装扮各种神像而舞。它们的根源是历史久远,流布极广的面具舞。

裕固族大都居住在甘肃南部裕固族自治县和酒泉一带,长期与蒙、藏等族和睦相处。14世纪以后,裕固族主要信仰喇嘛教。《护法神舞》就是裕固族最有代表性的佛教舞蹈,其主要内容是张扬佛法的威力,每年农历正月十五和六月六日在寺院表演。舞者都是经过训练的喇嘛,所扮演的角色多是偶像化的神灵,头上戴着狰狞神怪的面具,手执金刚杵等法器而舞,借以驱鬼、消灾、求佛保佑。舞队中有牛、马、鹿、鹰、骷髅、乌鸦、喜鹊等各种护法神出场。其中,鹰、乌鸦、喜鹊等护法神是裕固族独有的。这与该民族常年生活在深山密林中的自然环境及游牧生活有密切的联系。

地处中原的山西五台山诸寺院流行一种佛教舞蹈《金刚舞》,俗称"跳神"、"跳鬼"或"跳布扎"。相传五台山是文殊菩萨的居住地。文殊菩萨是释迦牟尼的左胁侍,每年农历六月十日文殊生日都要举行盛大的佛事活动。在黄庙(喇嘛寺院)表演的《金刚舞》颇负盛名,舞者由经过专门训练的喇嘛担任,除扮演菩萨者外都戴面具,身穿各色锦袍、软靠,装扮成各种护法神、金刚力士、鬼怪等,其内容是表现大威德金刚降妖伏魔的故事。其中"斩鬼"一节,是整个舞蹈的核心内容,意为驱除妖魔，为人类祈福。

五台山的《金刚舞》与藏、蒙佛寺舞蹈《羌姆》《查玛》有传承关系，相同之处颇多。同时，由于五台山位于汉族聚居区的中原之地，故《金刚舞》又明显地具有一些汉族舞蹈的特点。

北京地区的《跳布扎》，又称"跳鬼"或"跳神"，是流行于北京各喇嘛寺院驱鬼祈福的佛教舞蹈。北京《跳布扎》起源于何时，已难考证。明人所著《酌中志》已有记载，书中所载"跳步叱"即今天的《跳布扎》。当时的服饰是头戴高顶笠，身穿五色大袖袍，而后世的《跳布扎》主要是头戴各式面具而舞，这很可能是受到蒙古族本土佛教舞《查玛》的影响所致。清代雍和宫曾派僧人到内蒙古佛寺学习《跳布扎》，内蒙古也曾派高僧到北京传授技艺。每当农历正月三十日，雍和宫《跳布扎》时，热闹非凡。跳舞分13个段落，其中有"跳白鬼"、"跳黑鬼"、"跳蝶神"、"跳金刚"、"跳天王"、"跳护法神"、"跳弥勒"等佛教之神，最后是"跳斩鬼"。魔鬼已除，皆大欢喜，《跳布扎》结束。

南传佛教大约在公元1世纪后，从天竺传到东南亚缅甸、泰国后，再传入我国西南傣族等地区，属小乘教派。

傣族的佛教舞蹈有《孔雀舞》《大鹏鸟舞》《鱼舞》《蝴蝶舞》《象脚鼓舞》等。这些舞蹈的形成与傣族地区林木密布、动物繁多的生存环境有密切的关系。这些舞蹈本身并没有多么浓重的宗教色彩，且早已在民间传承。佛教传入后，以这些模拟善良、优美动物的舞蹈供养佛、娱佛，并在佛教节日向群众展示演出，又成了欢度节日的娱人舞蹈。我们不难从这些舞蹈中找到敦煌壁画中兽舞的生活基础。

云南其他信仰佛教的兄弟民族，也都用自己的民间舞供养佛、娱佛。例如德昂族的《象脚鼓舞》、白族的"绕坛"《莲花灯舞》《八宝花舞》（即《散花舞》），以花、香、灯、涂、果、乐 6 个舞段，形象地演示了佛经中规定对佛多种方式的供养。

大理白族，佛教盛行，民族歌舞活动"绕山林"，既与宗教活动有关，又是群众的游乐歌舞集会。其中包含许多舞具丰富的歌舞表演，如《霸王鞭》《八角鼓》（"金钱鼓"）等。其他如维吾尔族著名的《灯舞》（顶灯起舞），朝鲜族的《僧舞》（击鼓飞舞长袖）、《波罗舞》（击钹而舞），浙江的《跳净童》等，都是我国各民族人民创造的各具特色的佛教舞蹈。

以上这些，都是绿洲敦煌佛教壁画创作的文化基础与生活源泉，都会在林林总总的壁画乐舞形象中反映出来。应该承认，我们的舞蹈史研究者对此的探究还是很粗浅的，有待在更全面的资料收集与分析的基础上进一步深入。

多元荟萃，植根中华

人们不禁要问，为什么两千年前，由印度、尼泊尔传入中国的佛教艺术，能在敦煌这片神奇的戈壁绿洲里，经过各民族文化艺术长期的碰撞、交融、浸润、发展，既能保持和发展异彩纷呈的各自传统，又能和谐地统一在中华民族的大家庭里，具有深深的中国情，浓浓的中国韵呢？

这个问题的核心，涉及文化交融的目标与规律，也涉及包括乐舞、美术在内的敦煌文化艺术的品格、特性问题，限于学识水平，我们只能尝试将自己初步思索的答案简略地写出来，供读者参考并求指正。

首先，敦煌文化虽然表现为一种特色鲜明的地域文化，但构成这一文化的核心是以儒家为基础，儒、释、道及其他宗教文化融会贯通的主流文化。中华民族固有的儒家文化和道家思想，与自印度、尼泊尔传入的佛教宗旨，均带有宽容、兼容、包容的精神，这就决定了它们之间有互相交流、吸收和融合的基础，也有吸取其他民族、地域、宗教文化营养的可能性。

其次，敦煌文化是在中华大地上开放的一朵奇葩，它表现出对华夏主流文化的认同，却又不固步自守、停滞不前，而是在新的人文环

| 图 106　持琵琶的伎乐天（新疆克孜尔千佛洞第 8 窟）

境与时代条件下不断创新；它体现出对来自其他民族与异域文明的尊重与吸纳，同时也并不生搬硬套、囫囵吞枣，而总是注意消化吸收和适应本土需要，使外来文化能够植根于中华文明的沃土之中。在长期汇流交融中吸取的各民族文化，今天已经成为中华主流文化不可分割的组成部分。

再次，敦煌文化特性的形成，得益于多元文化的荟萃，而这种交融又因其处于丝绸之路咽喉的特殊环境，而兼有华夏主流文化、敦煌本土文化与外来各族文化三者的直接影响与多渠道回流的特色。以壁画来说，今天，我们的研究者与观赏者虽然可以辨认一些具体图像、作品的内容和风格，却难以回答究竟是谁影响谁（主动被动）的问题，也难以一一确定这些影响孰前孰后，某些成分哪主哪次。这种扑朔迷离的特色，恰好证明了文化的汇流是一种十分复杂的现象（图106）。

　　总之，灿烂辉煌、多姿多彩的敦煌舞蹈壁画，既具有多民族文化交融的鲜明特征，又形成为一个完整的体系，它们不仅记录了中华民族广取博采、兼收并蓄、吸纳百川的兼容精神，展示了中华民族根深叶茂的舞蹈艺术，而且也在异域文化雨露的长期滋润下，对中华文明的进步产生了重要的影响，做出了不可磨灭的贡献。

继承与创新
——丝路乐舞的传承

　　我们今天鉴赏与研究地处丝路绿洲敦煌壁画里的乐舞形象，并不仅仅是为了发思古之幽情，更重要的是要在正确理解优秀传统文化的基础上，传承发扬，开拓创新，推进新时期的精神文明建设，使之为现实生活服务。

《丝路花雨》 等舞剧的创作演出

　　珍贵而丰富的敦煌壁画乐舞形象，为艺术家的文艺创作提供了可资借鉴的形象资料，也激发了他们的创作灵感。早在 20 世纪中期，著名的戏剧大师梅兰芳与舞蹈家戴爱莲就根据古代乐舞的相关资料创作了《天女散花》《飞天》等令人耳目一新的京剧、舞蹈。改革开放以来，随着敦煌历史文化知识的普及与敦煌学的发展，运用敦煌壁画里的舞蹈形象创作的新舞剧也一一呈现在广大观众面前。1978 年创作排演的大型民族舞剧《丝路花雨》就是其中的佼佼者。

　　舞剧《丝路花雨》以丝绸之路上的商贸大会及敦煌莫高窟的壁画创作为历史背景，用舞蹈语汇演述了老画工神笔张和爱女英娘悲欢离合的动人故事，反映了唐代西部地区的多民族、各国的经济与文化交流盛况，突出宣扬正义、热爱和平、加强各族人民友谊的主题。舞剧主人公英娘的高超舞技艺地再现了敦煌壁画中优美舞姿，尤其是将著名的反弹琵琶舞姿复原并丰富、演化为一套完整的舞蹈，给广大观众留下了深刻的印象。剧中还表演了一批群舞、队舞，如百戏杂耍中的舞蹈，波斯花园中的刺绣舞、马铃舞、黑巾舞，梦幻中的柘枝舞、凭栏仙女舞、美音鸟舞，以及凉州二十七国大会上的盘中舞、印度舞、土耳其舞、霓裳羽衣舞、新疆舞等，场面热烈而辉煌，色彩绚丽夺目，令人回味无穷。该舞剧演出当年就获得文化部庆祝中华人民共和国建国三十周年创作与演出的一等奖。

《丝路花雨》在北京人民大会堂公演后，又到全国各地巡回演出，获得盛誉。从 1981 年 6 月起，先后到朝鲜、法国、意大利、日本、泰国、西班牙、土耳其、德国、南斯拉夫及港澳台等四十多个国家和地区巡演，引起巨大反响，被誉为"中国民族舞剧的典范"、"中国民族舞剧的新成果"，也为宣传敦煌艺术与促进文化交流做出了积极贡献。1994 年，该舞剧在中华民族 20 世纪舞蹈经典评比中荣获"经典作品金像奖"，被誉为"中国舞剧的里程碑"。三十多年来，《丝路花雨》也为敦煌艺术的创新与现代化提供了实践经验。其后，甘肃艺术家们创作、演出的《飞天》《天姿馨曲》《唐韵胡旋》《千手观音》《大梦敦煌》《敦煌古乐》《天马萧萧》《敦煌情韵》等大型舞剧、舞蹈，以及北京、陕西、湖北艺术家创作的《敦煌彩塑》《大唐乐舞》《编钟乐舞》等，乃至日本、韩国舞蹈家在这方面的创作与教学，都得益于《丝路花雨》的启示。尤其是中国残疾人艺术团编演的造型乐舞《千手观音》（图 107），于 2005 年在央视春节联欢晚会

图 107　中国残疾人艺术团的《千手观音》剧照

上演播后，因身患残疾的姑娘们的出色表演，深深打动了亿万观众，在国内外引起了新的轰动和新一轮的敦煌乐舞热，也推动了丝路旅游经济的发展。

《千手观音》舞蹈的最早雏形是《丝路花雨》中的"六臂神舞"，后由甘肃省艺术学校的高金荣女士根据敦煌莫高窟第 3 窟的千手千眼观音壁画，重新创作为《敦煌手姿》舞。1998 年在北京演出该舞时，根据舞蹈史学家王克芬的建议又更名为《千手观音》。佛教发源地——印度的观音造像，本是男性，面部留有胡子（笔者在阿旃陀石窟所见），在传入中国后，我国民众尊信观音是大慈大悲、救苦救难的女性菩萨。她有千眼可洞察人间是非善恶，有千手能救援身陷苦难的人们。"千手千眼观音"形象，是千百年来我国古代画家、雕塑家根据人民群众的愿望的集体创造，且代代传承，世世创新，也是无数能工巧匠的智慧结晶。当代的舞蹈家们编创的《千手观音》，则是用舞蹈艺术继承与发扬了祖先的创造。中国残疾人艺术团的艺术指导、杰出的舞蹈编导张继刚于继承中有发展，特别是在表演人数、队列、服饰、舞蹈动作等方面又有新的创造，尤其是聋哑姑娘们在艰苦的排练中克服了常人难以想象的困难，表演臻善臻美，使金碧辉煌的乐舞场面散发出感人的高尚精神与青春活力，使舞蹈的审美及德育作用发挥到了极致。

敦煌舞的教学实践

　　为了在学习继承的基础上做好传承、创新敦煌舞蹈的工作，尤其是在教学实践中培养年轻一代的敦煌舞蹈演员与编导人员，自 1979 年秋起，时任甘肃省艺术学校校长的高金荣女士五次深入敦煌莫高窟，面壁潜心研究敦煌舞姿的复原与再创作。为了将看似静止的壁画形象变化为动态的舞蹈程式，她从最为关键的舞伎眼神、S 形"三道弯"体态及呼吸着手，提炼与分析手姿手势与肋、胯、膝的动作，丰富肢体曲线，确定多种步法与旋转、跳跃，把握好节奏变化，再配以乐器、长绸等舞具，编著了《敦煌舞基本训练教材》，并付诸教学实践。从 1981 年起，高金荣在艺校开设了相应的课程，先后培养出三届善习敦煌舞的学生，同时创作或修改排演了《长沙女引》《莫高女神》《妙音反弹》《六臂伎乐》《敦煌彩绸》《思维菩萨》等十余个教学汇报节目。

　　1983 年 8 月，中国敦煌吐鲁番学会在兰州举行成立大会及学术讨论会，高女士率领参加敦煌舞训练的学员在会上做了汇报演出，引起热烈反响。敦煌学家与舞蹈界高度赞扬这一开拓创新的工作。中国敦煌吐鲁番学会会长季羡林先生撰写专文肯定敦煌舞的训练与演出，他在文章中指出："舞蹈基本训练和一些舞蹈小品，虽然目前还只限于兰州，但我同其他看过的人坚决相信，它一定能走出兰州，走向全国，走向世界，同样推陈出新，发扬祖国艺术，为祖国争光。"（见《舞蹈论丛》1983 年第 4 期）事实证明了季老的预言，"敦煌舞基本训练"于 1986年夏晋京演出多场，大获成功，其后多次应邀赴海外演出，也在我国港、台地区进行了卓有成效的交流，为弘扬中华民族优秀的文化艺术和增进各国人民对敦煌艺术的了解起到了积极的作用。

在舞蹈史专家的倡导下，中国敦煌吐鲁番学会还专门建立了敦煌乐舞的专业委员会。文化部艺术研究院董锡玖、王克芬两位研究员言教身传，带出了一批研究敦煌乐舞的中青年学者；高金荣也继续和甘肃的相关院校进行敦煌舞教学与培养新人的合作项目；曾经在《丝路花雨》舞剧中先后扮演英娘的贺燕云、史敏，也在北京舞蹈学院的教学与研究中，继续探索丝路乐舞的丰富程式与精深文化内涵。这些，都为乐舞文化的传承做出了很好的贡献。最近，在北京 APEC 领导人非正式会议欢迎晚宴的文艺演出中，中国残疾人艺术团编演的造型乐舞《千手观音》再次获得与会者的激赏，显示了丝路乐舞的无限生机。

敦煌乐器的仿制研究

乐曲（曲谱）与乐器是敦煌乐舞中不可或缺的组成部分，尤其是林林总总的乐器，既为舞蹈伴奏之用，又常常作为舞蹈者本身所持的舞具而包含在具体的舞蹈程式之中。对敦煌伎乐与乐器的研究，敦煌研究院

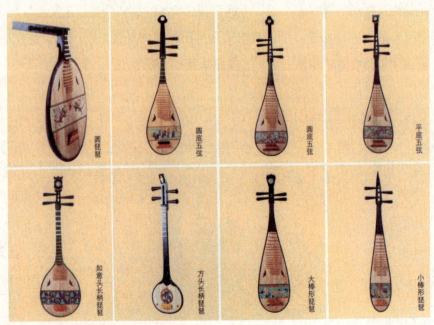

图 108　敦煌乐器仿制品图片之一

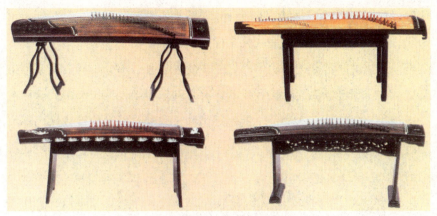

| 图 109   敦煌乐器仿制品图片之二

的郑汝中研究员做出了非常出色的研究，这方面他陆续有几本专著问世，具体成果可参看其代表作《敦煌壁画乐舞研究》（甘肃教育出版社，2002年版），兹不赘述。这里只是简要介绍他在敦煌乐器仿制研究上的成绩。

　　郑汝中对敦煌乐器的仿制研究，建立在他多年对敦煌壁画中所绘乐器图像的调查、分类、考究的扎实基础之上。他统计的敦煌石窟壁画乐器有44种、6000多件，通过摄制相关照片，建立详细的档案，进行全面的分类考察，参照有关文献与存世的实物资料，经过反复论证，设立"敦煌壁画乐器仿制研究"课题，从1989

| 图 110   敦煌乐器仿制品图片之三

| 图 111   敦煌乐器仿制品图片之四

年起，花费三年时间，付诸实践。敦煌壁画所绘乐器的特点是时间跨越千年，发展脉络清晰，形制变化多样，造型丰富复杂。虽然其中许多乐器至今还在民间流传使用，但已有不少变异；有一部分乐器古代文献虽有记载，今天已经泯灭失传；尤其还有几种乐器则仅见于壁画，未见古今流传，为敦煌特有造型。这就使得仿制工作带有极大的挑战性。郑汝中经过艰苦研究与精心设计，确定了"依据古代乐器形制，运用现代科技与先进材料"的原则，在敦煌研究院、北京昭明万邦敦煌文化发展公司与北京乐器厂的共同努力下，于1991年仿制成吹、拉、弹、打四大类六十余件乐器。同

| 图 112　敦煌乐器仿制品图片之五

年10月，文化部艺术研究院音乐研究所乐声学实验室对这批仿制乐器做了频谱测量报告，得出了它们的谐波成分清晰、稳定的结论。1992年，又在中国音乐学院小礼堂举行的鉴定会及演奏会上获得与会专家的一致肯定；同年荣获文化部科技进步二等奖（图108~112）。可以说，敦煌乐器的仿制研究，既是推动敦煌乐舞研究深入发展的需要，也为敦煌学研究如何更好为现实生活服务开拓了一个全新的领域。近年来，郑汝中还在积极设想将这些仿制的古代乐器与舞蹈创作结合起来，将其搬上舞台与广大观众见面。

敦煌舞伎服饰的研究与复原

　　敦煌乐舞研究近些年来还有新的成果，就是上海东华大学、中国丝绸博物馆和新疆考古研究所在进行丝路服饰研究中，对乐舞服饰的研究与复原工作取得了令学界瞩目的进展。为此，中国敦煌吐鲁番学会成立了敦煌染织服饰专业委员会来推进这项工作。此外，北京服装学院的相关研究团队，在包括丝路乐舞服饰在内的古代服饰研究与复原上也有一些新的收获。几年前，东华大学的硕士研究生贾一亮在导师的指导下，撰写了研究敦煌舞伎服饰的学位论文，很有见解。为让读者了解这方面的具体内容，我们征得贾本人的同意，将她的相关学位论文节选附于本书之末，供读者参看。我们只是想就这项成果的意义谈谈自己的认识。

　　历来学者专家对敦煌乐舞的研究，着重在舞蹈的源流，以动作、神态为中心的舞容以及舞具，而对舞者服饰的描述，一般比较简单，尤其是衣裙的各种样式、名称，它们所使用的材质、图案、色彩与染织及缝制工艺，因为壁画褪色与剥蚀的原因，又涉及论者并不熟悉的科技知识，故大都语焉不详，甚至多有误解。这就成为乐舞研究中的薄弱环节，影响了研究的深入。鉴于此，贾一亮在敦煌研究院美术史专家赵声良研究员的具体指导下，在逐一细细观摩与分析敦煌壁画里一百余身舞伎的基础上，从服装科学的角度，对他们的头饰及衣、领、裙、裤等加以归类区别，并做了色彩分析、纹样整理与衣式搭配的初步探索，最后尝试复原了敦煌唐代经变画中舞伎的九种服饰。这一成果的意义，首先就在于使我们对敦煌壁画舞伎形象服饰的判定，有了比较科学的界定标准，而这种标准是研究古代舞蹈种类、风格、特色所必不可少的。同时，研究者利用自己的专业特长，将样式（包括纹样）、色彩、材质纳入服装设计的视野来观察服饰，无疑会对其他研究者带来有益的启示。至于作者在复原古代服饰款式、色彩上所做的努力，更是充分显示了敦煌研究的无限魅力与生命力，也为我们今天进一步探索如何让敦煌文化艺术走进现代社会，走近千家万户，实现古为今用，提供了宝贵的经验。

附录
敦煌唐代经变画中的舞伎服饰浅析

贾一亮

一、引言

我国历史上遗存的舞蹈图像资料很多，其中尤以敦煌壁画中的舞蹈图像最为引人注目。敦煌壁画是以佛教艺术为主导的，据《妙法莲华经》（后秦鸠摩罗什译）所列对佛的十种供养中即有"九伎乐、十合掌"。所以几乎是只要有佛像的地方，就可以看到各种为佛奏乐起舞的壁画。敦煌壁画中尤以唐代经变画中的乐舞图像最为丰富多彩。唐代宫廷设置了各种乐舞机构，如教坊、梨园、宜春院、太常寺等，其中的乐工、歌舞艺人多达数万人，是我国深厚悠久的乐舞文化发展的鼎盛时期。这一切都直接或间接的反映在壁画上，使这些异彩纷呈的图像资料不仅具有独特的审美价值，还具有珍贵的史料价值。尤其是其中反映出的不同时期的乐舞服饰，更是值得服饰史研究者关注的对象。

据敦煌研究院音乐舞蹈研究室近年来的调查统计，莫高窟绘有乐舞形象的洞窟有 200 多个，乐舞形象 3400 多身，其中以乐伎居多。"乐伎"以"伎"为中心词，是指表演乐舞百戏的人。伎：歌女，舞女。《后汉书·仲长统传》："倡讴伎乐，列乎深堂。"《南史·宋废帝纪》："与左右作羌胡伎为乐。""伎乐"以"乐"为中心词，是指表演的内容、音乐节目，由于中国传统乐舞文化中存在"乐舞不分"的特点，所以"舞伎"的称谓极为少见，其概念往往包含在"乐伎"的称谓中而不再单独出现。本文只将以演奏乐器为主的艺人称为"乐伎"，而将以舞蹈为主的艺人称为"舞伎"。

二、舞伎服饰概况

基于对一百余身舞伎服饰的分析，我们可以对敦煌唐代经变画中的舞伎服饰整体有一个初步的认识。

1.头部及佩饰

舞伎头部的形制基本都是一致的。《法华经》谓宝冠由金、银、琉璃、车磲、玛瑙、珍珠、玫瑰等七宝制成，冠前中央镶宝珠，即摩尼珠。宝冠两侧的丝带为宝缯，时而飘举向上，时而平展伸出，时而垂至于肩，对于舞伎的整体形象及观者对其动态的感受都有重要影响。发型、宝冠和耳珰的具体性质结构等，可参照叶菁和李敏等的论述。佩饰以璎珞、臂钏、手镯、长巾带为主，基本形制也是大体相同的，只在细节有所不同。本文亦不再赘述。

2.身体部分（图1，线图）

除头部与佩饰部分，经统计得到舞伎身体部分所出现的基本服饰形制共有9种，根据皮肤裸露程度及自上而下、由外而内的原则依次为：

上身：裸呈、络腋、宽皱领、窄身衣；

下身：腰裙、短裙、长裙、阔腿裤、束腿裤。

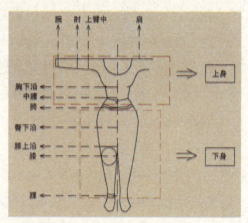

| 图1 人体上、下身部位示意图

| 图2　莫高窟第201窟北壁舞伎

2.1 裸呈（图2，201窟北壁舞伎）

即上身不着衣，只在颈项间饰以璎珞，手抓或肩搭长巾带。因为裸呈在敦煌壁画中十分常见，是舞伎服饰形象的构成方式，故将其作为一种基本形制。舞姿的轻柔舒展或健硕有力，都通过身体的线条得以直截了当地体现。

2.2 络腋（图3，220窟南壁舞伎）

即于右腋经胸前绕至左肩、并通过绕搭或系结的方式固定的矩形巾带。多为双面异色，以红、蓝、绿色为常见。就穿着效果推测应为长

｜图3 莫高窟第 220 窟南壁舞伎

200cm~300cm、宽 40cm~80cm 之间，面料较为轻薄柔软，通常没有于胸前表现具体的固定方式，尾端常由身后腋下两分飘出，无法照常规解释其披搭环绕方式。学者们对其的命名不尽相同，有天衣、罗衣、锦巾、锦披、斜披巾、披帛、帔帛等诸多不同的称谓，是从不同的角度对其做的定义。这一服饰形制菩萨、天王、飞天、童子甚或外道皆有穿着，舞伎与其他天人的几无二制。

2.3 宽褶领（图 4，148 窟东壁舞伎）

关于这种服饰形制曾有"羽领"的称谓出现，如对中唐第 112 窟北壁西侧报恩经变中舞伎的描述有："头戴宝冠，身穿羽领紧袖贴身小衫，下着羽口裙、窄裤，赤露双足……"对第 159 窟南壁观无量寿经变中的两身舞伎描述为："穿羽口衫、羽口裤、束羊肠百褶裙……"这种定名未见出处，不知是否因其形制略似羽饰。另外，羽口裤之名，也是指有本文所说的在膝部和脚踝有同样形制宽褶皱饰边的裤，羽口裙则是指本文所说的在裙摆下沿装饰宽褶皱边的短裙（如中唐第 112 窟短裙）。从壁画中可以明显看出这种款式是由纺织材料制成，和"羽"的质感难于等同，为防止发生语义的

图 4　莫高窟第 148 窟东壁舞伎

混淆，本文暂不采用"羽口✕"的定名。由于其形制为单层项圈接宽褶皱饰边，穿戴于肩颈，类衣领，故暂以"宽褶领"称之。

宽褶领多绿、蓝、青色，展开为圆环形，因穿着时长可掩胸，推测其半径应为30cm左右；以珠宝璎珞圈加挺括而有韧性的面料为材料。除了单独作为上装出现，在壁画中多表现为通过多层叠加或一体相连的方式，与络腋或窄身衣搭配。

2.4 窄身衣（图5，359窟南壁舞伎）

即紧窄合体的上衣。关于这种服饰形制研究者曾有"半臂"的称谓，如第220窟北壁东方药师净土变中四人一组的舞伎，对左边两身舞伎所着服装描述，有称其上身着"锦半臂，下身着长裤，外罩薄纱石榴裙……肩披飘带"的说法。"半臂"因衣袖仅及普通长袖的一半而名。其形制为合领对襟、胸前结带，长不过腰、袖仅掩肘，穿时加之于衫子

图5 莫高窟第359窟南壁舞伎

之外，为古代春秋之服。宋高承《事物纪原》谓："隋大业中，内宫多服半臂，除即长袖也。唐高祖减其袖，谓之半臂。"唐代士庶男女均有"中单上加半臂"的穿着方式出现，为通服之衣。莫高窟第130窟中的都督夫人，碧罗花衫，外罩绛底花半臂即为此。从穿着效果上看，半臂是比较宽松而不贴束身体的，但第220窟两身舞伎的上衣则紧窄合体，长至胯部以下，并用细带或璎珞链束扎，胸腰曲线明显。故"锦半臂"的称谓有待推敲，本文暂将其定名为"窄身衣"。

　　舞伎所着窄身衣多为红色或变深色，采用质地较为厚实而不透明的面料。其形制基本相同，区别主要在领、袖、下摆。领上可接宽褶领或接 U、W 形璎珞，具有很强的装饰效果。袖可分为：无袖、短袖（至上臂中）、半袖（至肘）和长袖（至腕）四种，尤以半袖和长袖居多，肘部加饰宽褶边。长袖窄身衣的袖口又有闭合与不闭合两种。下摆有短至胸下沿、至中腰、八字波浪边和长至入腰裙四种。窄身衣还常于腰间以细带束扎，强调腰部的灵活动态。这种腰间的系带也有长短宽窄多种状态，长者尾端亦随舞飘动，具装饰效果。细带有时还会以璎珞链代替。

| 图 6　莫高窟第 370 窟北壁舞伎

　　2.5 腰裙（图 6，370 窟北壁舞伎）

　　腰裙的称谓见于各图录介绍中，虽名"腰"，实为围系于胯部的宽巾带，于腹前正中系结或以宝珠固定。腰裙几乎出现在所有舞伎的身上，是舞伎服饰中最普遍最基本的款式。多用纯色（以绿色为多，间有青、蓝色），少有花纹，质轻软而不透明。但简单的形制却呈现出丰富的穿着效果：通过不同的围绕及系结方式，于腹前形成了丰富的褶皱，而下摆则变为两道优美的弧线。尾端的变化也多种多样，有的自然垂飘而下，有的对称飞卷似如意头，具有很强的装饰性。可以说腰裙是以叠穿搭配的方式构成舞伎富有层次感的形象外观的基础。

　　腰裙的长度以恰好包住臀部最为常见，偶有长可至膝者。《明史·舆服志》"永乐间，定殿内侑食乐。奏《平定天下之舞》，引舞、乐工，皆青罗包巾，青、红、绿、玉色罗销金胸背袄子，浑金铜带，红罗襦膊，云头皂鞾，青绿罗销金包臀。舞人服色加之。……奏《表正万邦之舞》，引舞二人，青罗包巾，红罗销金项帕，红生绢锦领中单，红生绢销金通袖袄子，青线绦铜带，织锦臂鞲，云头皂鞾，各色销金包臀，红绢襦膊。舞人、乐工服色，与引舞同"。其中所谓"包臀"亦为舞伎所穿着，不知是何种形制，之间有没有承袭的联系。就其命名来看至少两者在长度上十分相近，且面料的质感也有可比之处。

2.6 短裙（图 7，220 窟北壁舞伎）

长至膝（较腰裙长），多为齐下摆裙，故应为拼合缝制，而非围系之裙。穿于腰裙之下，故往往只看到露出的部分——多为宽饰边，绘有卷

| 图 7　莫高窟第 220 窟北壁舞伎

| 图 8　莫高窟第 217 窟北壁舞伎及局部放大线描图

草等纹样。短裙通常与腰裙异色形成对照，达成丰富的服饰外观，其中蓝色较为多见。选用面料较为厚重有身骨。第 220 窟有舞伎所着短裙呈倒桃型，形制为裙片中长侧短呈 U 形弧线，缘饰异色褶皱边，质较硬挺。

　　2.7 长裙（图 8，217 窟北壁舞伎及局部放大线描图）

　　舞伎的长裙基本形制为贴体中无分缝，长至脚踝或及地，有流畅的衣纹线条，多为面红里绿，饰宝相花图案。材质有不透明而悬垂效果佳者，亦有薄纱透体者似为纱罗所制，其飘逸灵动正体现舞姿的轻盈美妙。在壁画中表现舞伎双脚踏地而舞时，下身多为长裙。对于这一服饰形制，也有从不同角度的多种定名，如石榴裙、锦裙、罗裙、襦裙，等等。石榴裙是因裙色朱红艳美，类石榴色而得名。唐万楚《五日观妓》诗有："红裙妒杀石榴花。"《敦煌曲子词·柳青娘之二》："碧罗冠子结初成，肉红衫子石榴裙。故著胭脂轻轻染，淡施檀色注歌唇。"锦裙即以织花厚缯为地的裙，罗裙即以纱罗为地的裙，皆是因质得名，且以轻软织物尤其丝织面料为主。在敦煌艺术僧俗女性中，服长裙者甚多，

| 图 9　莫高窟第 85 窟南壁舞伎及局部放大线描图

尤以菩萨为盛。

2.8 阔腿裤（图 9，85 窟南壁舞伎及局部放大线描图）

宽阔似裙的长裤，可按其廓型大致分为三类：（1）长至踝或及地，多为暗红色或变深色，通体宽肥，褶皱纷繁复杂，形如卷云，质厚实而不透明；（2）长至踝或及地，多为面红里绿，自膝下放宽，廓形似今喇叭裤，裤口纹路曲折回转，质料较薄，垂缀感强；（3）长至膝略下，多为褐色，于膝部以细带束扎，或以璎珞宝珠固定，形成松活褶皱，膝上多松量垂掩束带，膝下剩余部分不规则顺垂，裤口多蓝、绿色饰边，面料较为挺括。这种形制之下通常会在内里再穿紧窄的束腿裤，形成层次丰富的外观效果。如第 197 北壁观无量寿经变，从其裤口可明显看出其双腿分制的形式。

2.9 束腿裤（图 10，112 窟南壁舞伎）

束腿裤穿于阔腿裤之内，所以只能看到膝盖及其以下的部分。壁画

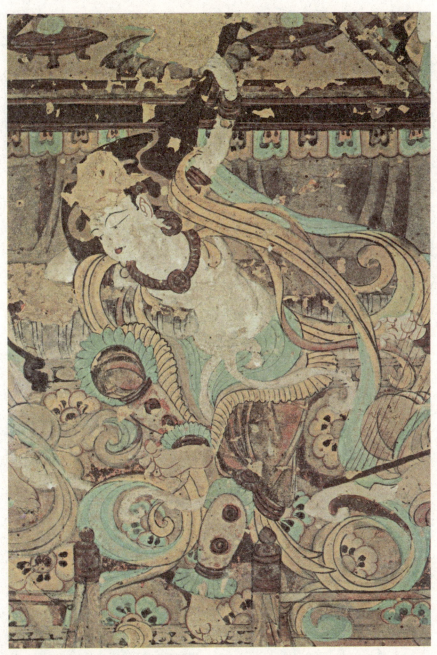

| 图 10　莫高窟第 112 窟南壁舞伎

中对于不同状态的腿的膝部表现方式也不同。支撑身体重心的腿因直立，而基本不绘出膝盖部分，任其为阔腿裤裤子口下沿或松量所掩；吸抬腾空的腿则将膝部完整绘出，为面料织物所制，其形制略有松量，便于舞伎收腿提胯，绕膝一圈均饰以褶皱边。膝部的下沿以璎珞环束紧，小腿部分紧窄贴体，曲线毕露，其上多饰以宝珠或圆环纹样，繁简不定。这一部分的形制很像古代服饰中的"行腾"，即绑腿。《大正藏·古逸部·疑似部》279485.P0683 律抄 1 卷有："问，着行腾臂衣得不。答，为病得着……"陕西西安秦始皇陵兵马俑出土的军吏俑，多下穿短裤，腿束行腾，与其形制有相类之处。脚踝同样圈以璎珞环，其下再接褶皱边。束腿裤的变化不多，比较特殊的有第 286 窟，束腿裤的裤口为人字形，且饰以绿边，与脚踝的璎珞环之间露小截脚腕，这和舞伎长袖窄身衣袖口不闭合的穿着效果十分相似。

2.10 其他（图 11，335 窟南壁舞伎及其局部放大线描图）

初唐第 335 南壁阿弥陀经变有一身舞伎，对其说明称："舞伎珠冠，裸上身，腰饰带，下身内穿紧身羊肠裤，有似今之女子健美裤，外系短裙，赤脚……""羊肠裙"的称谓时见于对佛教壁画或雕塑中佛或菩萨形象的描述，其形制多为宽大蔽体，衣纹细密繁复，似羊肠回转曲折，多而不乱。如研究者们对于中唐 159 窟南壁观无量寿经变主尊座前的舞伎的描述称："穿羽口衫、羽口裤，束羊肠百褶裙。双手握彩带，相对起舞……"而羊肠裤具体指称怎样的服饰形制暂未知。细观这身舞伎，不难发现其下身所着服饰共三层：腰裙，薄纱透体的短裙，薄纱透体的长裤。其长裤上部较紧，自膝放宽，至踝再次收紧，似今之灯笼裤。笔者认为前面的说明大概是误将透露出的腿部线条当作紧身裤，同时又没有留意到面料质感比较轻薄透明的灯笼长裤吧。事实上其他舞伎服饰中都不曾出现短裙和裤皆轻薄通透的效果。这种

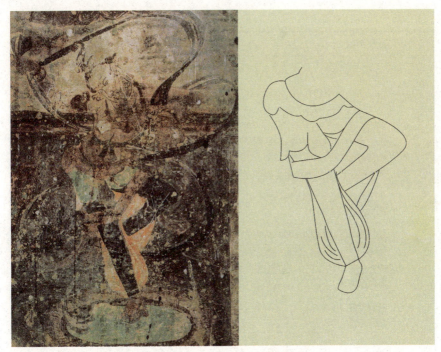

| 图 11　莫高窟第 335 窟南壁舞伎及局部放大线描图

形制的长裤在舞伎中也暂为仅见，其上紧而下阔的形制与束腿裤刚好相反，但与前面的阔腿裤相比仍可算作合体。故将其单列，待日后继相辅证。

3.色彩讨论

壁画中舞伎服饰的色彩依据其出现频率，在一定程度上反映大致的色彩范围——例如，即使有其他颜色可供选择，长裙仍然基本都为红色，是否能在一定程度上说明红色是画工或当时人们心目中最符合长裙的色彩选择呢？

表 1

名称	颜色撷取	窟号	序号	出现部位
素白色		205,172,112,237,360	1,2,27,28,40,57,64	窄身衣 腰裙,短裙,长裙 束腿裤
红色		205,341,180,217,445,112,154,158,159,197,231,237,286,358,359,360,386,12,14,20,85,7108,156,196,榆林25	1,15,29,33,37,38,39,40,41,42,43,44,45,46,47,52,55,57,58,60,61,62,63,65,67,69,70,71,72,74,76,78,79,80,81,83,84,85,86,96,97,98,101	络腋 窄身衣 腰裙,短裙,长裙 阔腿裤,束腿裤 褶皱饰边
绿色		205,220,335,341,45,148,217,445,154,158,159,237,286,358,359,360,386,12,20,85,156,196,361,370	1,2,3,5,7,13,15,16,17,25,33,34,37,42,44,45,46,47,58,59,60,62,64,65,66,69,74,76,77,79,80,82,93,101,105,106	宽褶领,络腋 窄身衣 腰裙,短裙 束腿裤 褶皱饰边
青色		148,172,180,217,320,112,154,186,197,200,201,231,359,386,12,14,18,108,156,361,486	23,24,25,27,29,34,35,36,38,39,41,43,50,52,53,54,55,61,62,66,70,71,72,73,84,85,92,94,95,96,97,98,99,103,107	宽褶领 窄身衣 腰裙 褶皱饰边
蓝色		220,148,217,159,358,359,360,396,156	3,4,5,23,24,25,34,46,48,95,62,63,65,97	宽褶领,络腋 窄身衣 短裙 束腿裤 褶皱饰边
紫色		231,358,12	55,59,70	U、W璎珞内 穗状饰边
黄色		112	40,41	褶皱饰边
褐色		360,18,156,370	63,73,90,91,92,93,94,95,99,106	络腋 窄身衣

名称	颜色撷取	窟号	序号	出现部位
				短裙 阔腿裤
变深色		205,220,335,45,14 8,172,180,320,158, 159,200,231,237,28 6,358,360,38612,8 5,156,196,361,370	1,7,8,13,16,23,25,26,2 7,28,29,35,36,45,46,48, 53,54,55,57,58,59,60,6 1,62,64,66,69,70,71,72, 73,77,80,82,90,91,92,9 3,94,95,96,97,98,99,10 0,103,104,105,106	窄身衣 短裙 长裙 阔腿裤,束腿裤

4.纹样整理

敦煌服饰图案随时间的推移而发生过巨大的转变。舞伎服饰中见到的有宝相花纹、卷草纹等。出现最多的是宝相花纹。有两种形制：（1）花形四瓣，如"十"字形，花瓣桃形，花瓣有以莲瓣纹组成，有以莲花带叶组成。主要见于第220、66等窟的舞伎服饰中。（2）复合形，花瓣稠密，层层不尽，放射状向外延伸。不似莲花，亦非团花。植物蔷薇科有宝相花，大朵丽色，多瓣。花形与之近似，但非以为名。两种花形

表2

名称		纹样撷取	独立纹样	窟号	序号	出现部位	纹样来源
宝相花	十字四瓣			341	14	长裙	《敦煌历代服饰图案》
				217 320	33 36	长裙	《敦煌历代服饰图案》
				220 66	3/4 18	长裙	自行绘制
	复合形			360 108	84 85	束腿裤	《敦煌历代服饰图案》
				156 196	97 101	束腿裤	《敦煌历代服饰图案》

名称		纹样撷取	独立纹样	窟号	序号	出现部位	纹样来源
	六瓣			335	13	灯笼裤	《敦煌历代服饰图案》
棋格纹				220	4	窄身衣	《敦煌历代服饰图案》
				220	3	窄身衣	《敦煌历代服饰图案》
小白花树纹[①]				205	1,2	长裙	自行绘制
卷草纹			·	220	5	短裙	《敦煌历代服饰图案》
其他		·		12	70	束腿裤	自行绘制
				12	70	束腿裤	自行绘制

均为莲花装饰纹样之变形，取佛教"庄严宝相"之义为名。主要见于第360、108 等窟的舞伎服饰中。

5.服饰搭配

5.1 搭配方式（图12，示意图）

凡以线联结者，皆可搭配出现，加之每一种基本款式又有不同的细节处理方式，所以，舞伎服饰的搭配方式可说是千变万化，各不相同。

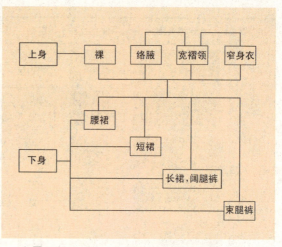

图12

5.2 过去的研究者常依据舞伎的姿态将舞蹈划分为"健舞"和"软舞"两种。参考这种方法，可将经过不同搭配形成的舞伎整体服饰风格面貌划分为：

（1）轻曼飘逸的服饰形制

基本搭配方式为：裸上 / 络腋 + 长裙

可以看到，基本上舞伎所着服饰选用质料越轻软，其整体服饰形制就越是偏于轻曼，其中以下身着长裙最为典型。而络腋与宽褶领单独作为上装，就比两者合穿的清逸之感更加强烈。事实上，不难发现以前的研究者们以舞姿界定为"软舞"的舞伎，其服饰也会相对偏向于"轻软"的风格。需要特别说明的是，这种风格在很大程度上也与裸露皮肤的程度成正相关，只是这种相关会因为接下来要说的两种款式的介入而被打破。

（2）英武雄健的服饰形制

基本搭配方式为：窄身衣 + 束腿裤

基本上，以上两者只要出现其一，舞伎的整体服饰风格就可以划归此类。即便是窄身衣搭配长裙、裸上身搭配束腿裤，都一样可以打破上一种形式的风格。可以看到，"窄身衣 + 束腿裤"的搭配形式几乎将舞伎的全身都严严实实地包裹起来。然而即使长袖长裤加身，舞伎大到身体的扭动（如展肩、扭腰、出胯，吸腿、腾踏），小至所有的关节（如中腰、肘、腕、膝、踝）等，都通过或小段显露（如上衣短至胸下或波浪形下摆、袖口不闭合、人字形裤口），或加装饰夸张（如肘、膝、踝饰宽边褶皱），或紧包强调（如膝下系带）的方式逐一凸现出来。对于舞伎穿着这种具有武士感风格的服饰，过去的一些研究成果中也都略有提及，如对第 220 窟北壁舞伎的描述有："他们在璀璨的灯轮灯树下，站在小园毯——舞筵上，肩披绕臂长巾翩然起舞，舞姿矫捷奔放。左面一对身着类似武装美服的舞伎，背向而立……做'提襟'姿，舞姿刚劲矫捷，分明是一幅'健舞'图。'提襟'至今仍是中国古典戏曲中武将、武旦等角色常用的舞蹈动作。'提襟'亮相给人英武豪雄之感。"可见结合舞蹈的角度来看，以前的研究者们以舞姿界定为"健舞"的舞伎，其服饰也会相对偏向于"雄健"的风格。

（3）介于前两者之间的服饰形制

基本款式有：宽褶领、腰裙、短裙、阔腿裤。

这几种款式的风格是比较中立的，辅助性的，以与其他服饰搭配所显现的风格为主。宽褶领多单独穿着，或搭配络腋则偏柔曼，搭配窄身衣则偏英武。腰裙基本每一身舞伎都穿着，可根据所搭配的服饰风格或舞蹈动作调整其形制、衣服和整体风格的表现。短裙穿于腰裙之下，长裙或阔腿裤之上。如搭配长裙则多性质规则简单而饰纹样，如搭配阔腿裤并束腿裤，则多饰以宽褶皱边，有的褶皱边宽至足自行翻折竖起，同脚踝顺垂向下。阔腿裤搭配束腿裤自不必说，单独穿着前文已经给出三种不同形制风格，其中第二种比较偏向轻曼飘逸的风格，第三种比较偏向英武雄健的风格。第一种的数量最多，裸露上身或搭配络腋时似第二种，搭配窄身衣似第三种。

6.款式复原

笔者自初、盛、中、晚唐的经变画内各挑选出一身舞伎，绘制其款式复原图，尽量集中展示舞伎服饰的九种形制。

（1）初唐第 220 窟北壁东方药师经变舞伎，其服饰为红色半袖窄身衣（衣片饰棋格纹，袖饰团花纹）、绿色腰裙、蓝色短裙（饰卷草纹）和石榴红长裙（饰四瓣宝相花纹）。（图 13，220 窟北壁舞伎服装款

图 13 莫高窟第 220 窟北壁舞伎服装款式复原

| 图 14　莫高窟第 148　　　　| 图 15　莫高窟第 112　　　| 图 16　莫高窟第 370
窟东壁舞伎服装款式复原　　　窟北壁佛案前舞伎服装款　　窟北壁舞伎服装款式复原
　　　　　　　　　　　　　　式复原

式复原)

　　(2) 盛唐第 148 窟东壁北侧药师经变舞伎，其服饰为青色宽褶领、蓝色络腋、青色腰裙和变深色阔腿裤。（图 14，148 窟东壁舞伎服装款式复原)

　　(3) 中唐第 112 窟北壁佛案前舞伎，其服饰为红色长袖窄身衣（上接宽褶领，波浪边下摆）、绿色腰裙、红色倒桃型裙、红色阔腿裤和红色束腿裤。（图 15，112 窟北壁佛案前舞伎服装款式复原)

　　(4) 晚唐第 370 窟北壁舞伎其服饰为络腋、青色腰裙和变深色阔腿裤。（图 16，370 窟北壁舞伎服装款式复原)

小结

　　通过分析舞伎的九种服饰形制及其搭配方式、颜色花纹等内容，可以发现礼佛乐队的舞伎服饰是与其舞蹈职能紧密结合的，服饰以表现舞蹈动态的身体为目的，强调身体的关节活动。以分析服饰的风格配合舞姿的考察来界定舞蹈的风格，可为进一步界定舞蹈的种类及其相关内容提供帮助。

参考文献

1. 隋书·音乐志. 点校缩印本 [M]. 北京：中华书局，1997.

2. 新唐书·礼乐志. 点校缩印本 [M]. 北京：中华书局，1997.

3. 中国舞蹈艺术研究会舞蹈史研究组. 全唐诗中的乐舞资料 [G]. 北京：人民音乐出版社，1958.

4. 王克芬. 中国舞蹈史（隋唐五代部分） [M]. 北京.文化艺术出版社，1987.

5. 王克芬. 中国舞蹈发展史 [M]. 上海：上海人民出版社，1989.

6. 王克芬. 敦煌石窟全集·舞蹈画卷 [M]. 香港：商务印书馆，2001.

7. 郑汝中. 敦煌壁画乐舞研究 [M]. 兰州：甘肃教育出版社，2002.

8. 高金荣. 敦煌石窟舞乐艺术 [M]. 兰州：甘肃人民出版社，2000.